그림으로 배우는

NFT &
non-fungible token

블록체인
Block chain

저 다이와종합연구소 프런티어연구개발센터 | 역 김은철, 유세라

SE
SHOEISHA

YoungJin.com Y.
영진닷컴

그림으로 배우는
NFT & 블록체인

図解まるわかり NFT のしくみ

(Zukai Maruwakari NFT no Shikumi: 7590-4)

© 2022 Daiwa Institute of Research Ltd. Frontier Technologies Research Center

Original Japanese edition published by SHOEISHA Co.,Ltd.

Korean translation rights arranged with SHOEISHA Co.,Ltd.

in care of JAPAN UNI AGENCY, INC. through Korea Copyright Center Inc.

Korean translation copyright © 2024 by Youngjin.com, Inc.

ISBN 978-89-314-7721-4

독자님의 의견을 받습니다

이 책을 구입한 독자님은 영진닷컴의 가장 중요한 비평가이자 조언가입니다. 저희 책의 장점과 문제점이 무엇인지, 어떤 책이 출판되기를 바라는지, 책을 더욱 알차게 꾸밀 수 있는 아이디어가 있으면 이메일, 또는 우편으로 연락주시기 바랍니다. 의견을 주실 때에는 책 제목 및 독자님의 성함과 연락처(전화번호나 이메일)를 꼭 남겨 주시기 바랍니다. 독자님의 의견에 대해 바로 답변을 드리고, 또 독자님의 의견을 다음 책에 충분히 반영하도록 늘 노력하겠습니다.

주 소 (우)08507 서울특별시 금천구 가산디지털1로 128 STX-V 타워 4층 401호

등 록 2007. 4. 27. 제16-4189호

이메일 support@youngjin.com

저자 다이와종합연구소 프런티어연구개발센터 | **번역** 김은철, 유세라 | **책임** 김태경 | **진행** 최윤정
표지 디자인 김효정 | **내지 디자인·편집** 이경숙 | **영업** 박준용, 임용수, 김도현, 이윤철
마케팅 이승희, 김근주, 조민영, 김민지, 김진희, 이현아 | **제작** 황장협 | **인쇄** 제이엠

머리말

최근, 디지털화와 세계화의 진전으로 인해 새로운 기술이 예전보다 빠른 속도로 발전하고 있습니다. 그중 하나로 「블록체인」을 들 수 있습니다. 블록체인은 2008년의 사토시 나카모토 논문으로 시작하여 비트코인 버블 등 여러 성쇠를 거쳐서 현재는 실제 비즈니스 상황에서 활용되고 있습니다.

그리고 현재, 블록체인에서 탄생한 새로운 구조로 「NFT」가 큰 주목을 받고 있습니다. 2021년 무렵에는 NFT가 자주 뉴스에 거론되어 NFT 붐이라는 상황을 맞았습니다. 그로 인해 NFT의 인지도는 높아졌지만, 그 본질을 올바르게 이해하고 있는 사람은 그리 많지 않은 것 같습니다. NFT는 기술적으로 어떻게 뒷받침되는 것인지, 실제 비즈니스에서 어떻게 적용해야 할지, 어떤 법 규제가 관련 있는지, 이것들을 정확하게 이해해야만 NFT의 진가를 확실히 알 수 있을 것입니다. 그러나 이를 체계적으로 이해하는 것은 어려운 일이기도 합니다. 많은 사람이 접할 NFT의 정보는 역사적으로 쌓아 올라간 성과의 표면에 불과하기 때문입니다.

다행히 다이와종합연구소에는 오랜 조사 · 연구로 쌓아온 지식과 경험이 있습니다. NFT가 아직 여명기에 있으며 그 기반 기술인 블록체인도 아직 활용 방법을 모색하는 시기였던 2016년부터 금융 시스템에 블록체인을 적용하는 실증 실험을 시행하는 등 진작부터 새로운 기술을 탐구해 왔습니다. 더불어 시스템, 리서치, 컨설팅 3가지 기능을 갖춘 종합 싱크탱크로, 비즈니스 및 법 규제의 전문가를 다수 보유하고 있습니다.

이번에는 저희가 갖고 있는 지식과 경험을 모아 NFT를 체계적으로 이해할 수 있도록 책을 집필했습니다. 이 책은 전체 내용을 이해하기 위한 제1장, 기술의 구조 및 과제를 설명하는 제2장과 제3장, 각 업계에서의 유스케이스를 소개하는 제4장과 제5장, 끝으로 향후 전망을 생각하는 제6장으로 구성되어 있습니다.

이 책이 독자 여러분에게 NFT의 본질을 이해하는 데 도움이 되고, 나아가 비즈니스 상황에서의 활용에 기여할 수 있기를 바랍니다.

다이와종합연구소 프런티어연구개발센터

Ch 2 블록체인의 기초

NFT를 뒷받침하는 기술을 이해한다   39

Ch 3 블록체인의 기술적 과제

Ch 4 **NFT의 유스케이스**

Ch 5 NFT의 유스케이스

Ch 6 NFT의 전망

NFT의 기본

NFT의 전체상을 이해한다

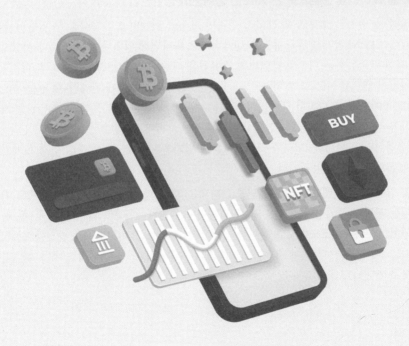

≫ NFT란?

NFT는 "디지털 세계에서의 증명서" \\\

NFT란 Non-Fungible Token(논펀지블 토큰)의 약어로, **대체 불가능한 토큰**이라고 합니다. NFT는 디지털 세계에서의 증명서와 같은 역할을 하며, 고유성이 높은 디지털 데이터에 **유일무이한 것이라는 가치를 부여합니다**(그림 1-1). 이로써 NFT의 소유자는 "유일무이한 것을 갖고 있다"는 것을 증명할 수 있습니다. 또한, NFT의 소유자는 하나로 결정되기 때문에 디지털 데이터의 소유자가 누구인지를 명확하게 할 수 있습니다. 이러한 소유자의 명확화를 이 장에서는 디지털 데이터의 "소유권"이라고 표현하여 설명하겠습니다(법률로 정의되는 「소유권」과는 다릅니다).

디지털 데이터를 중심으로 한 새로운 경제권이 생겨난다 \\\\\\\\\\\\\\\\\\\\\\\\\\\\\\\\\\

디지털 데이터에 "소유권"의 개념이 생기면 그것을 판매하고 유통시킬 수 있습니다. 그림 1-2는 NFT의 발행과 유통을 대략적으로 나타낸 것입니다. 아티스트나 사업자가 자신이 소유하는 디지털 데이터의 소유권을 다른 사람에게 판매하고자 할 때, 그 데이터에 연결된 NFT를 발행하고, 그것을 사고 싶은 사람에게 판매할 수 있습니다. NFT 구매자는 그 디지털 데이터의 새로운 소유자가 됩니다. 더욱이 그 소유권을 처분하고 싶을 때는 또 다른 사람에게 NFT를 판매할 수도 있습니다. 이것은 NFT의 2차 유통이라고 합니다. 이러한 거래에서는 이더리움(2-5 절 참조) 등의 암호 화폐가 결제 통화로 많이 이용됩니다.

이와 같이 **디지털 데이터(의 소유권을 나타내는 NFT)가 암호 화폐에 의한 결제로 거래되는 시장이 생겨난다**는 것을 알 수 있습니다. 이것은 NFT가 가져오는 새로운 경제권이며, **토큰 이코노미**라고 합니다. NFT 중심의 토큰 이코노미가 발전함으로써 디지털 데이터를 시장에서 자유롭게 거래할 수 있게 되어 그 경제적 가치를 확대할 것으로 기대됩니다.

그림 1-1 NFT의 개요

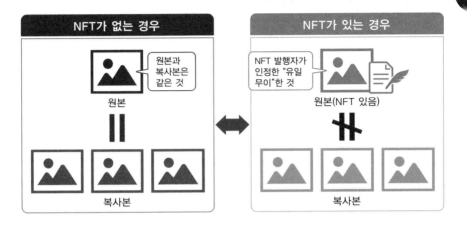

그림 1-2 NFT의 발행과 유통

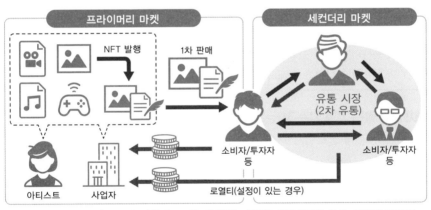

- 아티스트나 사업자가 NFT를 발행하고, 1차 판매하는 시장을 프라이머리 마켓, 판매된 NFT를 2차 유통시키는 시장을 세컨더리 마켓이라고 한다.
- 2차 유통에서 거래되는 금액 중 일부를 NFT 발행자에게 로열티로 환원하도록 설정할 수 있다.

Point

✔ NFT는 비대체성 토큰으로 디지털 데이터에 유일무이한 것이라는 가치를 부여한다.

✔ 디지털 데이터를 중심으로 한 새로운 경제권(토큰 이코노미)이 생겨난다.

≫ 비대체성의 의미

NFT는 다른 토큰으로 대체할 수 없다

이전 절에서 NFT는 비대체성 토큰으로 불린다고 설명했는데, 이 말의 의미를 생각해 봅시다. 먼저, **토큰**이란 「표시」 및 「상징」이라는 의미로, 다양한 문맥에서 사용되는 말인데, 이 책을 포함해 NFT에 관한 토픽에서는 블록체인(1-4 절 참조) 상에 기록된 데이터 단위를 가리킵니다.

그래서 NFT는 비대체성 토큰이기 때문에 토큰 중에서도 **대체성**이 없는 토큰을 가리킵니다(그림 1-3의 오른쪽). 대체성이 없다는 것은 **그 토큰을 다른 토큰으로 대체할 수 없다**는 의미입니다. 예를 들어, 디지털 아트는 각각의 작품이 독특한 세계관을 갖고 있는 "단 한점"이며, 디지털 아트(의 NFT)끼리의 교환은 쉽지 않습니다.

한편, 대체성이 있는 토큰은 펀지블 토큰이라고 합니다(그림 1-3의 왼쪽). 비트코인이나 이더리움 등의 암호 화폐는 펀지블 토큰입니다. 예를 들어, 비트코인이라면 1BTC(BTC는 비트 코인의 통화 단위)는 모두 같은 가치를 갖고 있으며, 자신의 1BTC와 타인의 1BTC를 대체하는 것은 쉬울 것입니다.

대체성이 있는 것과 없는 것

대체성의 사고방식은 현실 세계에도 적용할 수 있습니다. 이를 깊게 이해하기 위해 몇 가지 예를 살펴봅시다(그림 1-4).

많은 사람들이 일상적으로 사용하는 화폐(돈)는 대체성이 있습니다. 금융 시장에서 거래되는 주식 등도(동종이면) 대체할 수 있습니다. 한편 대체성이 없는 것으로는 예술, 부동산, 신분증 등의 예를 들 수 있습니다. 이는 대부분의 경우, 똑같은 것은 존재하지 않습니다.

세상에는 대체성이 없는 것이 다양하게 존재합니다. 따라서 NFT 활용이 디지털 아트 등의 영역에 그치지 않고 다양한 영역에서 이뤄질 것임을 생각할 수 있습니다.

그림1-3 펀지블 토큰과 NFT의 차이

펀지블 토큰

- 대체성이 있는 토큰
- 각각의 토큰은 "실질적으로" 개성이 없으며, 다른 토큰으로 대체할 수 있다.
- 그 가치는 수량에 의해서만 평가된다.

1BTC와 1BTC는 같은 가치

NFT(논펀지블 토큰)

- 대체성이 없는 토큰
- 어떤 토큰을 다른 토큰으로 바꾸는 것은 기본적으로 할 수 없다.
- 그 가치는 토큰에 연결된 디지털 데이터의 개성에 의해서 평가된다.

1개의 디지털 아트와 1개의 디지털 아트가 같은 가치라고는 할 수 없다.

그림1-4 대체성이 있는 것과 없는 것(예)

대체성이 있는 것

실제 세계

지폐　동전　상품(commodity)(금 등)

디지털 세계

암호 화폐　포인트　주권(전자화)

대체성이 없는 것

실제 세계

실제 예술 작품　부동산　신분증　패션

디지털 세계

디지털 예술 작품　영화　게임 아이템　음악

- 대체성의 유무는 그 토큰의 설계 및 사용법에 따라 결정된다.
- 대체성이 있도록 설계된 것이라도 나중에 대체성이 없어질 수 있다. 예를 들면, 비트코인은 대체성이 있으나, 범죄에 사용된 비트코인을 결제에 사용하는 것을 금지한 경우, 그 비트코인은 대체성이 없어진다.

Point

✔ 비대체성 토큰이란 다른 토큰으로 대체할 수 없는 토큰
✔ 세상에는 대체성이 없는 것이 다양하게 존재하기 때문에 NFT의 활용에 기대를 할 수 있다.

≫ NFT로 실현할 수 있는 것

원본과 복사본을 구별한다 //////////////////////////////////////

NFT를 이용함으로써 디지털 세계에서 **원본과 복사본을 구별**할 수 있습니다(그림 1-5).

디지털 데이터 자체는 쉽게 복제할 수 있으며, 원본과 복사본을 구별하는 것은 어렵다고 합니다. 이 대책으로 저작권 보호를 목적으로 하는 복사 가드 기술이 존재하는데, 이것은 원본의 권리가 없는 사람의 복제 자체를 제한하기 위한 기술입니다.

한편, NFT에서는 데이터 자체의 열람이나 복제는 시행할 수 있지만, "원본의 증명서"에 해당하는 NFT의 복제를 방지함으로써 원본임을 증명하여 복사본과 구별할 수 있습니다. 이것은 실제 세계에서 진짜 모나리자 그림을 정확하게 모사했더라도 모사(복사본)와 진짜(원본)는 가치가 다른 것과 같습니다. 이 결과, 원본에는 "유일무이한 것"이라는 가치가 생겨나고, 그것을 누가 소유하는지가 중요합니다.

블록체인의 특징을 살린 토큰 설계 //////////////////////////////////////

NFT의 본질적인 특징은 원본과 복사본을 구별하는 점인데, NFT로 실현할 수 있는 것은 이에 그치지 않습니다. NFT는 블록체인상에 기록되는 토큰이기 때문에 **블록체인의 특징을 살려 토큰을 설계할 수 있습니다.**

그림 1-6은 블록체인의 주요 특징을 나타낸 것입니다. 예를 들어 블록체인에는 여러 공통 규격이 정해져 있으며, 그 규격에 따라 토큰을 설계함으로써 여러 개의 플랫폼을 넘나드는 토큰의 상호 이용을 가능하게 합니다. 또한, 이더리움 등의 블록체인에는 스마트 계약(2-15 절 참조)이라는 기능이 있으며, 이것을 이용하면 디지털 콘텐츠에 로열티를 설정하고, 2차 유통에서도 토큰 발행자에게 이익을 환원하는 구조를 만들 수 있습니다.

그림1-5 NFT로 실현할 수 있는 것

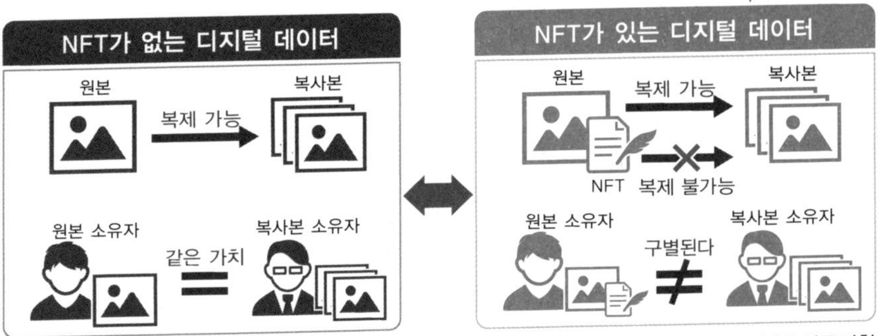

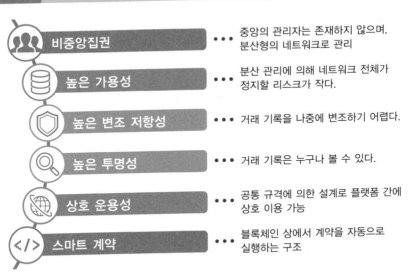

NFT가 없는 디지털 데이터

원본 　　복제 가능　　 복사본

원본 소유자 　같은 가치 = 　복사본 소유자

• 원본은 쉽게 복제할 수 있으며, 외관상은 복사본과 구별할 수 없다.
• 원본 소유자와 복사본의 소유자에서 그 가치는 변하지 않는다.

NFT가 있는 디지털 데이터

원본 　　복제 가능　　 복사본

NFT　복제 불가능

원본 소유자 　구별된다 ≠ 　복사본 소유자

• NFT는 복제할 수 없어서 원본이 "유일무이한 것"임을 증명할 수 있다.
• 원본에 고유의 가치가 생겨나고 복사본과는 명확히 구별된다.

그림1-6 블록체인의 특징

비중앙집권 ••• 중앙의 관리자는 존재하지 않으며, 분산형의 네트워크로 관리

높은 가용성 ••• 분산 관리에 의해 네트워크 전체가 정지할 리스크가 작다.

높은 변조 저항성 ••• 거래 기록을 나중에 변조하기 어렵다.

높은 투명성 ••• 거래 기록은 누구나 볼 수 있다.

상호 운용성 ••• 공통 규격에 의한 설계로 플랫폼 간에 상호 이용 가능

스마트 계약 ••• 블록체인 상에서 계약을 자동으로 실행하는 구조

Point

✔ NFT를 이용함으로써 디지털 세계에서 원본과 복사본을 구별할 수 있다.
✔ 블록체인의 특징을 살려서 토큰을 설계할 수 있다.

≫ NFT의 기반 기술

NFT를 지탱하는 기반 기술은 블록체인 //

NFT 설계에는 **블록체인**의 특징이 깊게 관련되어 있습니다. 블록체인이란 **데이터를 저장한 블록을 체인처럼 연결하여 보존하는 기술입니다**(그림 1-7). 블록에는 저장하고자 하는 데이터 외에「해시값」등의 변조를 방지하는 문자열이 저장되어 있으며, 이로 인해 변조가 극히 어렵습니다.

블록체인은 암호 화폐인 비트코인을 기반으로 발명된 기술이지만, 그 높은 범용성으로 다양한 영역에서 활용되게 되었습니다. 그중 하나가 NFT입니다.

NFT는 어떻게 기록되는가? //

NFT가 어떤 형태로 블록체인상에 기록되는지를 설명합니다. 먼저 **NFT는 디지털 데이터가 유일무이한 것임을 나타내는 "증명서"로 디지털 데이터와는 다른 것입니다**. 이것들은 하나로 묶어서 이야기하는 경우도 많으나, 엄밀하게는 다른 것입니다(자세한 것은 2-18, 3-11 절 참조).

NFT를 발행하면 **그 NFT의 이름 등 기본 정보와 관련된 데이터가 블록에 기록됩니다**(그림 1-8). 여기에는 **대상의 디지털 데이터 자체는 포함되지 않고, 그 디지털 데이터가「어디에 보존되어 있는가」라는 정보가 기록됩니다**. 따라서 디지털 데이터는 외부 서버에 보존해야 합니다. 이것은 블록에 기록할 수 있는 용량에는 제약이 있어서 대용량의 디지털 데이터를 블록에 기록하는 것은 현실적이지 않기 때문입니다. 또한 예외로 모든 정보를 블록에 기록하는 풀온체인이라는 방식이 있는데 여기서는 생략합니다.

한편, NFT 소유자의 정보는 블록에 기록되어 있습니다. 대부분의 경우, NFT를 발행한 시점에서는 발행자가 소유자로 되어 있습니다. 발행자가 NFT를 판매하거나 2차 유통으로 소유자가 바뀌면 새로운 소유자의 정보가 블록에 기록되고, 변조가 어려운 데이터로 남깁니다.

그림1-7 블록체인의 구조

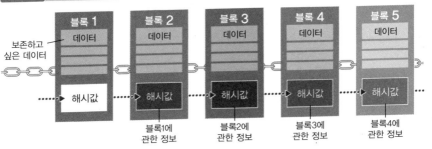

블록 1	블록 2	블록 3	블록 4	블록 5
데이터	데이터	데이터	데이터	데이터

보존하고
싶은 데이터

해시값 ┈┈> 해시값 ┈┈> 해시값 ┈┈> 해시값 ┈┈> 해시값

블록1에
관한 정보　블록2에
관한 정보　블록3에
관한 정보　블록4에
관한 정보

그림1-8 NFT의 구조

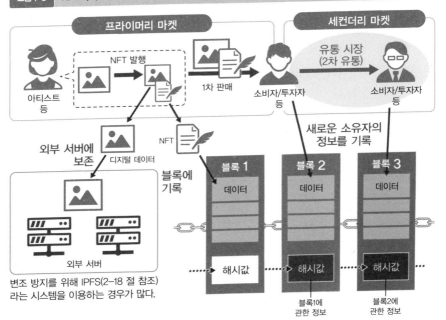

프라이머리 마켓　세컨더리 마켓

NFT 발행

아티스트
등

1차 판매

소비자/투자자
등

유통 시장
(2차 유통)

소비자/투자자
등

새로운 소유자의
정보를 기록

외부 서버에
보존

디지털 데이터

NFT

블록에
기록

블록 1	블록 2	블록 3
데이터	데이터	데이터

해시값 ┈┈> 해시값 ┈┈> 해시값

블록1에
관한 정보　블록2에
관한 정보

외부 서버

변조 방지를 위해 IPFS(2–18 절 참조)
라는 시스템을 이용하는 경우가 많다.

Point

✔ 블록체인이란 데이터를 저장한 블록을 체인처럼 연결하여 보존하는 기술이다.

✔ NFT는 디지털 데이터가 유일무이한 것임을 나타내는 "증명서"로 디지털 데이터와
　는 별개의 것이다.

✔ NFT의 기본 정보에 연결된 데이터가 블록에 기록되고 디지털 데이터 자체는 다른
　곳에 보존되는 경우가 많다.

1-4_ NFT의 기반 기술　19

≫ 비중앙집권(분산형)의 데이터 관리

참가자 전체에 분산하여 데이터를 관리한다

기술적인 내용은 2장과 3장에서 자세히 설명하고, 여기서는 블록체인의 특징 중 하나인「비중앙집권」에 대해 설명합니다.

블록체인은 데이터를 중앙집권으로 관리하는 기존 시스템과는 달리 네트워크의 참가자 전체에 분산하여 데이터를 관리합니다(그림 1-9). 이러한 특징으로 블록체인은 분산 원장 기술의 일종이라고 말할 수 있습니다.

「비중앙집권」이라 하더라도 그 네트워크가 어떻게 운용되고 있는지에 따라 여러 유형으로 분류할 수 있습니다. 여기서는「블록체인 네트워크에 누가 참가할 수 있는가」라는 관점에 주목합니다. 그러면「퍼블릭」「컨소시엄」「프라이빗」3가지로 분류할 수 있습니다(2-4 절 참조). NFT는 퍼블릭의 블록체인, 특히 이더리움이 이용되는 경우가 많은데 국내에서는 프라이빗 블록체인이 사용되는 경우도 증가하고 있습니다.

분산형 인터넷에 대한 기대

퍼블릭 블록체인을 이용하고 있는 서비스 중에는 서비스 운영 자체도 비중앙집권으로 행하는 것이 있습니다. 이렇게 운영하는 조직을 **DAO**(Decentralized Autonomous Organization: 분산 자율 조직)라고 하고, 조직의 의사결정은 참가자의 제안과 투표를 통해 이뤄집니다.

이처럼 데이터 및 의사결정이 모두 중앙기관의 관리 아래에 있는 상황을 벗어나, 이를 분산하여 관리하는 인터넷 방식을 **웹 3.0**이라고 합니다(그림 1-20). 또 분산형 인터넷이라고 하기도 합니다. 최근에 GAFA 등의 플랫포머가 강력한 힘을 가진 현 상태의 인터넷 방식(웹 2.0)에 대한 의문들로 인해 웹 3.0이 급속도로 주목을 받고 있습니다. **웹 3.0의 핵심 기술이 블록체인이며, NFT가 주목을 받고 있는 것도 이러한 배경과 관련이 있습니다.**

그림 1-9 데이터 관리 방식

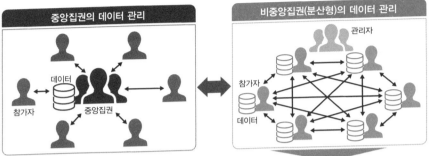

중앙집권의 데이터 관리

참가자 / 데이터 / 중앙집권

비중앙집권(분산형)의 데이터 관리

관리자 / 참가자 / 데이터

	퍼블릭	컨소시엄	프라이빗
특징	• 개방형 네트워크 • 암호 화폐 및 NFT에 사용	• 폐쇄형 네트워크 • 기업(법인)용으로 많이 이용	
관리자	없음	있음 (여러 조직에 의한 공동 관리)	있음 (단일 조직에 의한 운영)
참가자	누구나 참가 가능	관리자에 의해 승인된 사람만 참가 가능	

그림 1-10 웹 2.0과 웹 3.0의 차이점

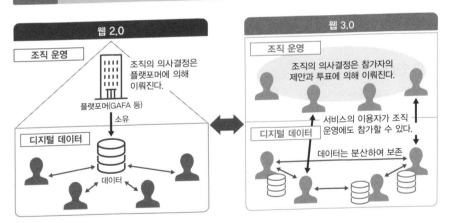

웹 2.0

조직 운영

조직의 의사결정은 플랫포머에 의해 이뤄진다.

플랫포머(GAFA 등)

소유

디지털 데이터

데이터

웹 3.0

조직 운영

조직의 의사결정은 참가자의 제안과 투표에 의해 이뤄진다.

서비스의 이용자가 조직 운영에도 참가할 수 있다.

디지털 데이터

데이터는 분산하여 보존

Point

✔ 블록체인은 네트워크 참가자 전체에 분산하여 데이터를 관리한다.

✔ 분산형 인터넷 「웹 3.0」이 주목받고 있으며, NFT의 인기가 높아지고 있는 것도 이러한 배경이 관련되어 있다.

≫ NFT의 기원과 역사

2014년에 최초의 NFT 탄생 //

이 장에서는 NFT의 역사를 되돌아봅니다. NFT가 세간의 주목을 끈 것은 최근이지
만, 그 기원은 2014년까지 거슬러 올라갑니다. 2014년 5월에 『Quantum』이라는 디지
털 아트 NFT가 발행되었는데, **이것이 최초의 NFT라고 알려져 있습니다.** 당시에는
아직 NFT라는 단어가 사용되지 않았고, 토큰 자체도 현재 사용되는 표준과는 다르
지만, 『Quantum』의 구조는 현재의 NFT와 비슷합니다.

2017년경까지 NFT는 여명기였고 NFT에 대해 알고 있는 사람은 일부에 한
정되었으나, 전환점이 된 것이 2017년 11월 『CryptoKitties』의 공개였습니다.
『CryptoKitties』는 "가상 고양이"를 번식시키고 분양할 수 있는 온라인 게임으로,
희귀 가상 고양이를 높은 가격에 판매할 수 있습니다. 이 게임은 인기를 얻고 NFT에
대한 주목도 높아졌습니다. 또한, 이와 비슷한 시기에 2021년 이후의 NFT 붐에서도
사실상의 표준으로 사용되는 ERC-721 규격(2-17 절 참조)이 최종 결정되었습니다.
따라서 **이 시기는 2021년 이후의 NFT 붐으로 이어지는 초석을 마련한 시기라고 할
수 있습니다.**

암호 화폐의 역사 ///

NFT와 암호 화폐에는 여러 가지 공통점이 있습니다. 암호 화폐는 블록체인 1.0이라
고도 하고, 블록체인이 처음 활용된 영역입니다. NFT도 암호 화폐처럼 블록체인을
활용한 구조인데, 그 발전은 암호 화폐보다 뒤처져 있습니다.

참고를 위해 암호 화폐의 역사를 살펴봅시다(그림 1-11). 현재까지 다양한 이벤트가
있었는데, 붐의 반복을 볼 수 있는 한편, **법 규제의 정비가 착실히 진행되었고, 그에
따라 대형 금융기관 등에서도 비즈니스에 활용하고 있습니다.** 이런 역사는 NFT로
앞으로 무엇이 일어날지를 생각하는 데 있어서도 알아 두는 것이 중요합니다.

그림 1-11 　암호 화폐와 NFT의 역사

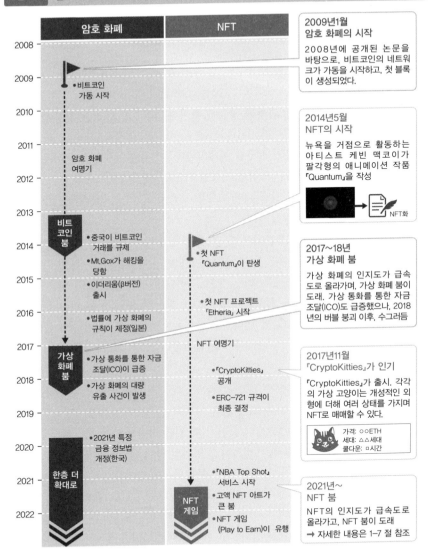

2009년 1월
암호 화폐의 시작

2008년에 공개된 논문을 바탕으로, 비트코인의 네트워크가 가동을 시작하고, 첫 블록이 생성되었다.

2014년 5월
NFT의 시작

뉴욕을 거점으로 활동하는 아티스트 케빈 맥코이가 팔각형의 애니메이션 작품 「Quantum」을 작성

2017~18년
가상 화폐 붐

가상 화폐의 인지도가 급속도로 올라가며, 가상 화폐 붐이 도래. 가상 통화를 통한 자금 조달(ICO)도 급증했으나, 2018년의 버블 붕괴 이후, 수그러듬

2017년 11월
「CryptoKitties」가 인기

「CryptoKitties」가 출시. 각각의 가상 고양이는 개성적인 외형에 더해 여러 상태를 가지며 NFT로 매매할 수 있다.

가격: ○○ETH
세대: △△세대
쿨다운: □시간

2021년~
NFT 붐

NFT의 인지도가 급속도로 올라가고, NFT 붐이 도래
→ 자세한 내용은 1-7 절 참조

암호 화폐

- 비트코인 가동 시작

암호 화폐 여명기

비트코인 붐

- 중국이 비트코인 거래를 규제
- Mt.Gox가 해킹을 당함
- 이더리움(β버전) 출시
- 법률에 가상 화폐의 규칙이 제정(일본)

가상 화폐 붐

- 가상 통화를 통한 자금 조달(ICO)이 급증
- 가상 화폐의 대량 유출 사건이 발생
- 2021년 특정 금융 정보법 개정(한국)

한층 더 확대로

NFT

- 첫 NFT 「Quantum」이 탄생
- 첫 NFT 프로젝트 「Etheria」 시작

NFT 여명기

- 「CryptoKitties」 공개
- ERC-721 규격이 최종 결정
- 「NBA Top Shot」 서비스 시작
- 고액 NFT 아트가 큰 붐
- NFT 게임 (Play to Earn)이 유행

NFT 게임

2008
2009
2010
2011
2012
2013
2014
2015
2016
2017
2018
2019
2020
2021
2022

Point

✔ 최초의 NFT를 발행한 것은 2014년이라고 알려져 있다.

✔ 2017년의 「CryptoKitties」의 성공으로 NFT에 대한 주목도가 올라갔다.

✔ 암호 화폐는 법 규제의 정비가 진행되고, 비즈니스 활용이 진행되고 있다.

» NFT 붐

NFT 붐의 도래

2021년 초부터 NFT 시장은 급격한 상승을 보이며 「NFT 붐」이라는 상황이 되었습니다(그림 1-12). 예를 들어, 2020년 10월에 서비스를 시작한 트레이딩 카드 게임 「NBA Top Shot」은 NFT 붐의 선구적 존재입니다. 이 서비스에서는 미국 프로 농구 리그인 NBA의 선수별 명장면 영상을 저장한 카드를 NFT로 컬렉션할 수 있습니다. 미국에서의 NBA 자체의 인기도 더해져 「NBA Top Shot」은 매우 인기를 끌었습니다.

2021년 중반에는 고액의 NFT 아트가 큰 붐을 일으켰습니다. 예를 들어, 2021년 3월에는 **Beeple**의 디지털 아트 NFT가 약 785억의 높은 가격에 낙찰돼 화제가 되었습니다. 또한, 「CryptoPunks」라는 도트 그림의 캐릭터 컬렉션도 매우 높은 가격에 거래되고 있습니다. 또 게임을 플레이해서 돈으로 교환할 수 있는 토큰을 얻을 수 있는 「**Play to Earn(놀며 번다)**」을 콘셉트로 한 NFT 게임들도 등장하며, 「AxieInfinity(엑시인피티니)」 등이 주목을 끌었습니다.

NFT 비즈니스의 미래

2021년부터 2022년 전반에 걸쳐 NFT 붐은 거품과 같은 급상승을 보였으나, 암호 화폐 시장의 침체 등 영향으로 2022년 중반 이후 일단 잠잠해졌습니다. 향후 NFT 비즈니스가 안정적으로 확대될지는 **「비즈니스 영역의 확대」나「법 규제의 정비」가 중요한 포인트가 될 것입니다**(그림 1-13). NFT 붐으로 주목을 받은 디지털 아트 등에 국한되지 않고, 폭넓은 영역에서 활용되며, NFT의 실태를 감안한 법 규제의 정비가 이뤄질 것이 기대됩니다. 동시에 이더리움 가스비(거래 수수료, 2-10 절 참조) 급등이라는 과제에 대해 낮은 수수료를 강점으로 하는 블록체인이 등장하는 등 블록체인 기술 자체도 나날이 진화하고 있기 때문에 기술적인 측면도 함께 이해하는 것이 중요합니다.

그림1-12 NFT 붐으로 주목된 사례

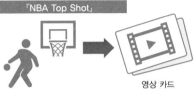

「NBA Top Shot」

영상 카드

- •NBA 플레이어의 명장면을 잘라낸 영상을 디지털 카드로 컬렉션할 수 있다.
- •인기 선수의 슈퍼 플레이는 고액으로 거래되며, 그중에는 2억 원을 넘는 가격이 붙은 카드도 있다.

Beeple의 NFT 아트

매일 그린 작품   1개로 콜라주

- •Beeple로 알려진 아티스트 마이크 윙클맨의 작품 「Everydays: The First 5000 Days」
- •그가 5,000일 동안 매일 그린 작품을 1개로 콜라주한 거대한 디지털 아트
- •약 785억에 낙찰되었다.

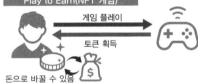

Play to Earn(NFT 게임)

게임 플레이
토큰 획득
돈으로 바꿀 수 있음

- •게임 내의 과제를 클리어하거나 배틀에서 승리함으로써 자체 토큰을 획득할 수 있다.
- •토큰은 암호 화폐 거래소를 통해서 돈으로 바꿀 수 있다.
- •「Play to Earn」로부터 파생되어 서비스를 이용하여 토큰을 버는 「X to Earn」 서비스가 다수 등장했다.

그림1-13 NFT 비즈니스가 확대되기 위해 필요한 것

비즈니스 영역의 확대

영역 확대

비즈니스 영역마다 NFT의 활용 방법은 다양하며 폭넓은 영역에서 활용됨으로써 새로운 가치가 생긴다.

법 규제의 정비

- •소비자 보호
- •규제의 명확화
- •세제

등

소비자가 안심하고 NFT를 구입할 수 있고, 기업이 위험을 줄여 NFT 비즈니스에 참가할 수 있는 환경을 만든다.

Point

✔ 2021년경부터 NFT 시장이 가파른 상승세를 보이면서 「NFT 열풍」이라 불리는 상황을 맞게 되었다.

✔ NFT 비즈니스의 미래를 예측하기 위해서는 「이용 영역의 확대」 및 「법 규제의 정비」가 중요하다.

≫ 여러 비즈니스 영역에서 퍼지는 NFT의 활용

아트, 게임, 음악 등 다양한 분야에서 활용된다

NFT가 활용되는 비즈니스 영역이 점차 확대되고 있습니다. NFT 붐으로 고액의 NFT 아트 등이 세간의 주목을 끈 것 외에 **스포츠, 게임, 패션, 음악, 메타버스, 아바타, 아이덴티티, SDGs, 금융** 등에서 **유스케이스**(활용 사례)가 있습니다(그림 1-14). 유스케이스에 의해 NFT의 성질이나 사용 방법은 달라집니다. 예를 들어, 작품의 팬들에게 있어서는 NFT를 소유하는 것 자체가 컬렉션 욕구를 충족시키는 행위입니다. 한편, 게임 내 아이템이 NFT화 되어 있는 예에서는 소유 자체라기보다는 소유함으로써 게임을 유리하게 진행하고, 필요에 따라 돈으로 바꿀 수 있다는 점이 NFT의 특징이 됩니다. 다만, 후자의 예에서는 NFT화 된 아이템은 대체 불가능하지만 비슷한 아이템이 많을 수 있습니다.

유스케이스별 특징의 정리

그림 1-15는 유스케이스별 특징을 정리하고, 두 축을 따라 분리한 것입니다. 아트처럼 "유일무이한"것은 대체성이 낮고, 가치를 계산하는 것이 어렵기 때문에 그림의 왼쪽 위의 영역에 위치합니다. 다음으로 "한정품" 패션 등, 한정된 소수의 NFT가 발행될 수 있는 경우는 앞서 설명한 아트에 이어 대체성이 낮다고 할 수 있습니다. 한편, 게임 아이템은 그 희소성(rarity)에 따라 성질이 크게 다릅니다. 노멀 아이템이면 대체성은 비교적 높고, 아이템의 성능에 따라 어느 정도 그 가치를 계산할 수 있습니다. 또한, 금융 등의 영역에서 활용되는 경우, 고액 자산의 소액화 등, 대체성이 비교적 높은 토큰으로 발행되기도 합니다.

이처럼 **유스케이스별 활용 방법이 다양한 것**을 알 수 있습니다. 이러한 것을 잘 이해하기 위해서는 영역별 **비즈니스 모델**을 이해하는 것이 필수적입니다(자세한 내용은 4장과 5장에서 설명합니다).

그림1-14 NFT가 활용되는 비즈니스 영역과 유스케이스(예)

아트
"유일무이"한
디지털아트

스포츠
선수의 플레이
영상을 컬렉션

게임
토큰을 번다
「Play to Earn」

패션
유명 브랜드의
디지털패션

음악
음악을 1음씩
분할하여 NFT화

메타버스
가상공간의 토지를
NFT화

아바타
가상공간의 용모를
NFT화

아이덴티티
웹상에서 본인임을
증명

SDGs
SDGs 활동 촉진을
지원

금융
NFT를 담보로
자금을 차입

그림1-15 유스케이스의 분류

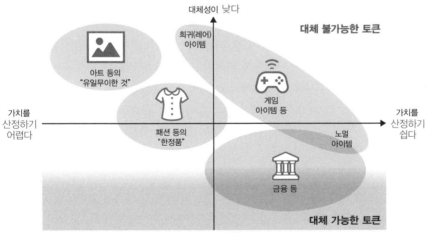

Point

✔ 아트, 스포츠, 게임, 패션, 음악, 메타버스, 아바타, 아이덴티티, SDGs, 금융 등의 영역에서 유스케이스가 있다.

✔ 유스케이스별 NFT의 활용 방법은 다양하다.

≫ 시장 규모의 확대

2021년의 거래 대금은 20조 원을 넘는다 \\

2021년의 NFT 붐 이후, 시장 규모(매매대금)는 급속히 확대되었습니다. NonFungible.com의 조사에 따르면 2021년 전 세계의 NFT 매매대금은 한화 **약 23조 4370억 원**까지 확대되었으며, **전년대비 약 216배 급증했습니다**(그림 1-16). 이 것은 NFT의 가격이 전체적으로 상승한 것과 NFT 비즈니스의 확대로 인한 NFT의 종류도 증가한 것을 요인으로 들 수 있습니다. 또 앞으로도 시장 규모는 계속 확대될 것으로 예상됩니다. 다만, 암호 화폐의 시장 침체에 의한 영향 등의 우려점도 있어, 향후 동향을 주시해야 할 필요가 있습니다.

NFT의 보급률은 아직 높지 않다 \\\

NFT 시장은 급속히 성장하고 있으나, 그 보급률은 결코 높지 않습니다. 다른 보급률 과 비교해 보면, 예를 들어 인터넷 쇼핑의 이용률은 84% 정도입니다. 반면에 NFT를 소유하고 있는 사람은 몇 퍼센트에 불과하다고 보입니다. 새로운 제품·서비스의 시 장 보급률에 관한 이론(캐즘 이론)에 따르면 NFT는 리터러시가 높은 소비자의 이용 이 중심이 되는 「**초기 시장**」의 단계에 있다고 여겨지고 있습니다(그림 1-17).

일반적으로 초기 시장에서는 「새로운 것을 좋아하는」 소비자가 제품·서비스를 구입 하지만, 더욱 많은 일반 소비자(이른바 「메인스트림」 시장)를 끌어들이기 위해서는 NFT 관련 전문 지식을 잘 모르는 소비자도 안심하고 구입할 수 있는 콘텐츠와 서비 스가 보급되어야 합니다.

그리고 **이러한 상황에는 「법 규제의 정비」가 소비자측·기업측의 양면에서 관련이 있 습니다.** 법 규제의 정비가 불충분하면 소비자가 안심하고 NFT를 구입할 수 없을 뿐 만 아니라, 법적 리스크를 두려워하는 기업들은 서비스 제공을 망설일 수 있기 때문 입니다.

그림1-16 NFT 시장 규모(거래 대금)의 추이

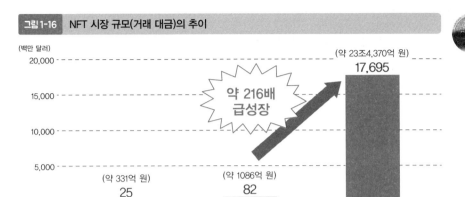

주: 한국돈은 1달러 = 약 1300원으로 계산
출처: NonFungible.com(2022) "Yearly NFT Market Report 2021"을 바탕으로 작성

그림1-17 캐즘 이론에 의한 제품·서비스의 보급

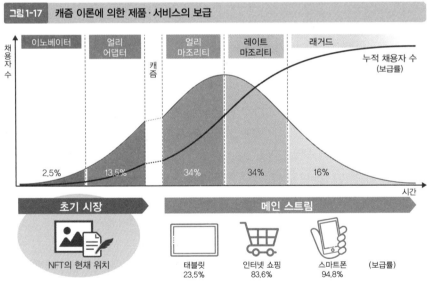

출처: 제프리 무어의 캐즘 마케팅
KOSIS 국가통계포털(URL: https://kosis.kr/statisticsList/statisticsListIndex.do?vwcd=MT_ZTITLE&menuId=M_01_01&outLink=Y)

Point

✔ 2021년의 NFT 시장 규모가 전 세계에서 약 23조 4370억 원으로 확대되었으며, 2020년 대비 약 216배 급성장했다.

✔ 앞으로의 시장 확대에는 「법 규제의 정비」가 소비자 측·기업 측의 양면에서 관련이 있다.

» NFT의 마켓플레이스

전 세계에서 거래되는 NFT

NFT의 발행 및 유통은 주로 인터넷상의 거래 사이트인 **마켓플레이스**를 통해 이루어
집니다(그림 1-18). NFT 거래는 실제 상품의 교환을 필요로 하지 않고, 암호 화폐로
결제가 이루어지므로 국경을 넘나드는 거래가 용이합니다. 실제로 세계 최대의 NFT
마켓플레이스인 「OpenSea(오픈씨)」에서 다양한 NFT를 거래하고 있습니다. 예를
들어, 디지털 아트, 게임 아이템, 트레이딩 카드, 음악 등 다종다양한 NFT가 취급되
고 있습니다.

그 밖에는 심사를 통과한 크리에이터에 의한 뛰어난 아트 작품만을 취급하는
「SuperRare」나 DAO(분산형 자율조직)가 되는 것을 목표로 하는 「Rarible」 등 세계
에는 특징적인 마켓플레이스가 몇 개 존재합니다(그림 1-19).

국내 서비스의 등장

2021년부터는 한국에서도 여러 마켓플레이스가 생겨났습니다. 「팔라스퀘어」, 「업비
트 NET」, 「네모마켓」 등이 있고, 「DOSI」, 「Klip Drops」 등 **대기업들의 마켓플레이
스가 계속해서 등장**하고 있습니다.

이러한 국내 서비스를 이용하는 장점은 원화의 대응과 한국인을 위한 콘텐츠 제공
등, 국내를 중점으로 서비스가 출시되는 것입니다.

또한, 「DOSI」는 소셜 로그인으로 쉽게 월렛을 만들고, 네이버페이 등 다양한 결제수
단을 이용할 수 있으며, 「Klip Drops」는 카카오 계정으로 로그인을 할 수 있고, 카카
오톡 클립 지갑으로 구입할 수 있습니다. 이들 마켓플레이스는 내부에서 개발한 사
설 블록체인(2-4 절 참조)을 블록체인 네트워크로 사용하며, 그룹의 에코시스템을
최대한 활용하도록 시스템이 구축되고 있다고 생각됩니다.

그림 1-18 마켓플레이스 이미지

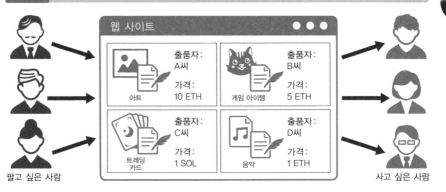

그림 1-19 NFT의 주요 마켓플레이스

		서비스 시작	블록체인 네트워크	특징
해외	OpenSea	2017년	• 이더리움 • Polygon • Klaytn • Solana	• 세계 최대 규모의 NFT 마켓플레이스 • 취급하는 콘텐츠도 풍부하며, 전 세계의 크리에이터가 출품하고 있다.
	SuperRare	2018년	이더리움	• 아트에 특화된 마켓플레이스 • 심사를 통과한 크리에이터에 의한 우수한 작품만을 취급하고 있다.
	Rarible	2020년	• 이더리움 • Flow • Tezos • Polygon 등	DAO(분산형 자율조직)을 목표로 하며, 자체 토큰「RARI」의 소유자는 마켓플레이스의 의사결정에 관여할 수 있다.
국내	팔라스퀘어	2021년	Klaytn	네이버 자회사 스노우와 AI 기업 알체라의 합작법인으로 만들어진 팔라가 출시
	업비트 NET	2021년	Klaytn	가상자산 플랫폼 업비트에서 출시
	네모마켓	2022년	Klaytn	가상자산 플랫폼 빗썸에서 출시
	DOSI	2022년	Klaytn	네이버의 자회사 LINE NEXT가 출시했고, 네이버 페이를 사용할 수 있다.
	Klip Drops	2021년	Klaytn	카카오 계정으로 로그인을 할 수 있고, 카카오톡 클립 지갑으로 구입할 수 있다.

* Klaytn: 카카오의 자회사 그라운드 X가 개발한 퍼블릭 블록체인 플랫폼

Point

✔ NFT의 발행과 유통은 마켓플레이스를 통해 이뤄진다.
✔ 국내에서도 「DOSI」, 「Klip Drops」와 같은 주요 기업의 마켓플레이스가 등장하고 있다.

>> 세계의 동향

대기업들의 연이은 진출

세계적으로는 대기업들이 연이어 NFT 비즈니스에 진출하고 있습니다(그림 1-22). 예를 들어, 2021년 12월 나이키(Nike)는 메타버스에서 착용할 수 있는 디지털 스니커 등을 제작하는 **RTFKT**(아티팩)의 인수를 발표했습니다. 2022년 4월에는 Nike 최초로 버추얼 스니커즈를 발매했습니다.

미국의 결제 대기업 Visa는 2021년 8월에 NFT 아트 『CryptoPunks』 중 하나를 49.5ETH(약 1억 5천만 원)에 구입했습니다. 또 2022년 3월에는 NFT에 관한 크리에이터 지원을 목적으로 한 『Visa Creator Program』을 시작할 것을 발표했습니다. 이를 통해 해당 기업이 NFT 비즈니스에 적극적으로 접근하고 있음을 알 수 있습니다.

NFT 시장은 거품인가?

한편, NFT 시장의 과열을 **거품**으로 보고 붕괴를 우려하는 목소리도 있습니다. 실제로 NFT의 시장규모(매매대금)는 확대 추세에 있지만 2022년의 평균 거래 가격은 한계점에 도달했습니다. 이 요인의 하나로 들 수 있는 것이 암호 화폐 시장의 침체입니다(그림 1-33). 「암호 화폐 = NFT」는 아니지만 NFT의 구입에는 암호 화폐가 필요하다는 점과 NFT를 가격 상승의 목적으로 구입하는 사람이 일정 수준 존재하기 때문에 어느 정도 암호 화폐 시장의 영향을 받습니다. 2021년에 거품이라고 할 수 있는 속도로 확대된 NFT 시장은 2022년 이후로 조금 분위기가 바뀌고 있습니다.

그러나 거품은 지속가능한 것이 아니기 때문에 NFT의 건전한 발전에는 오히려 호기라고 볼 수도 있습니다. 앞으로는 **NFT의 가치를 신중하게 평가하여 가치가 있는 것과 없는 것을 판단하는 것이 더욱 중요해질 것입니다**.

그림1-20 세계의 NFT 활용 사례

Nike(RTFKT)의 가상 스니커즈

메타버스에서 가상 스니커즈를 착용

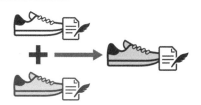

스니커즈끼리를 "교환"하여
새로운 스니커즈를 생성

그림1-21 암호 화폐 시장의 침체

비트코인의 가격 추이

급상승

침체

NFT 붐

출처: Cryptowatch(URL: https://cryptowat.ch/)을 바탕으로 작성

암호 화폐의 가격이 하락

암호 화폐로 된 NFT의
법정 통화 가격도 하락

NFT를 가격 상승의 목적으로
사고 있는 사람에게는 매력이 저하

Point

✔ 세계에서는 대기업이 연이어 NFT 비즈니스에 진출하고 있다.
✔ 투기적인 거품은 종결될 조짐도 보이며, 앞으로는 NFT의 가치를 신중하게 판단하
는 것이 중요해진다.

≫ NFT 아트의 가치를 생각한다

NFT의 가치를 어떻게 생각하면 좋을까?

NFT 붐이 과열되는 가운데서 「**NFT 아트**가 수백억에 팔렸다」「가상공간의 토지가 수십억에 거래되고 있다」는 뉴스가 나오면서, 「왜 NFT에 그 정도로 가치가 붙는 걸까?」「정말로 가치가 있는 걸까?」라고 의문을 가지는 분도 많을 것입니다

가치를 생각한다는 건 매우 어려운 일입니다. 왜냐하면 NFT를 구매하는 목적이 사람마다 다양하기 때문입니다(그림 1-24). 특히 급성장하는 시장에서는 반드시 투기적 거래를 하는 사람이 나타납니다. 투기적 거래란 단기적인 값 상승을 기대하고, 전매 목적으로 NFT를 사는 것입니다. 여기에서는 「NFT화로 무엇을 실현할 것인가」라는 의미에서의 "가치"는 별로 관계가 없습니다.

한편, NFT는 디지털 세계에서의 증명서 역할을 하는 것이며, 새로운 발상이 있으면 새롭게 할 수 있는 일도 많이 있습니다. **NFT의 특징을 살리는 새로운 발상에 의해 제공할 수 있는 가치를 NFT의 「비즈니스 가치」**라고 정의하여 고려하도록 하겠습니다. 즉, 투기적 거래가 포함되는 NFT의 가격 형성에 대해서는 일단 제쳐두고, NFT를 비즈니스의 수단으로써 이용했을 때 어떤 가치를 제공할 수 있을지에 대해 생각하겠습니다.

비즈니스 영역별로 생각한다

비즈니스 모델은 영역에 따라 다르므로 NFT의 비즈니스 가치를 고려할 때는 비즈니스 영역별로 생각해야 할 필요가 있습니다. 여기에서는 NFT 아트의 비즈니스 가치에 대해서 생각해 봅시다(그림 1-25).

우선 아트 업계의 비즈니스 모델을 생각하면 작품 컬렉션이나 아티스트 응원과 같은 고객 체험이 있는 것을 알 수 있습니다. NFT를 이용하면 **원본의 디지털 아트를 증명하거나 작품의 유통에 로열티를 설정할 수 있게 되어 팬과 아티스트에게 새로운 가치를 제공할 수 있습니다.** 따라서 이것이 NFT 아트의 비즈니스 가치 중 하나라고 할 수 있습니다.

그림1-22 NFT를 구매하는 목적은 사람마다 다르다

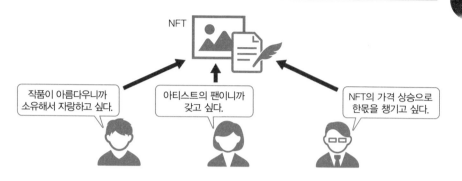

NFT

작품이 아름다우니까 소유해서 자랑하고 싶다.

아티스트의 팬이니까 갖고 싶다.

NFT의 가격 상승으로 한몫을 챙기고 싶다.

그림1-23 NFT 아트의 비즈니스 가치

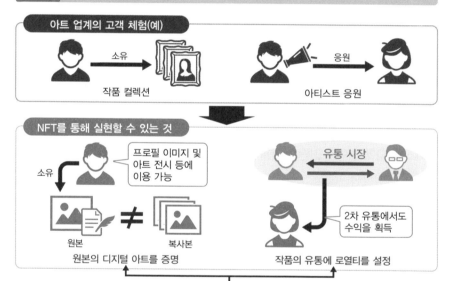

아트 업계의 고객 체험(예)

소유 → 작품 컬렉션

응원 → 아티스트 응원

NFT를 통해 실현할 수 있는 것

프로필 이미지 및 아트 전시 등에 이용 가능

소유

원본 ≠ 복사본

원본의 디지털 아트를 증명

유통 시장

2차 유통에서도 수익을 획득

작품의 유통에 로열티를 설정

- NFT를 통해서 새롭게(또는 더욱 효과적으로) 제공할 수 있게 되는 비즈니스 가치
- NFT의 활용에 있어서 비즈니스 가치는 무엇인가를 생각해야 한다.

Point

✔ NFT의 「비즈니스 가치」는 NFT를 비즈니스의 수단으로써 이용했을 때 어떠한 가치를 제공할 수 있는지를 나타낸다.

✔ NFT의 비즈니스 가치를 생각할 때는 각 비즈니스 영역별로 생각한다.

✔ NFT 아트는 원본의 디지털 아트를 증명함으로써 팬과 아티스트에게 새로운 경험을 제공한다.

≫ NFT가 비즈니스에 가져오는 가치

블록체인의 특징으로부터 비즈니스 가치가 도출된다 \\\\\\\\\\\\\\\\\\\\\\\\\\\\\\\

이전 절에서는 NFT 아트의 예를 들어 NFT가 비즈니스에 가져오는 가치를 구체적으로 생각했습니다. 이 절에서는 더욱 넓은 시각에서 NFT의 비즈니스 가치에 대해서 생각해 봅시다.

먼저 NFT는 블록체인의 특징을 살린 토큰 설계를 할 수 있는 것이었습니다(1-3 절 참조). NFT의 비즈니스 가치는 이러한 특징으로부터 도출되는 것입니다(그림 1-26의 왼쪽). 예를 들어, 블록체인의 변조 저항성 및 투명성 등을 활용하면 원본의 증명이 가능해집니다. 또한, 공통 규격에 의해 운영되는 특징(상호운용성)에 의해 여러 개의 플랫폼을 횡단하는 토큰의 거래가 가능해집니다. 그 밖에 로열티 설정 및 디지털 경제권도 비즈니스 가치로 꼽을 수 있습니다(그림 1-27). 여기에서는 4가지의 예를 들었지만, NFT의 활용 방법에 따라서는 이것들 외의 비즈니스 가치를 창출할 수도 있을 것입니다.

구체적인 고객 경험은 어떤 것일까? \\

다음으로, 각각의 비즈니스 영역에서 위의 비즈니스 가치가 어떻게 활용되는지 살펴봅시다(그림 1-26의 오른쪽). 예를 들어 이전 절에서도 본 디지털 아트의 영역에서는 NFT가 원본을 증명함으로써 작품의 컬렉션 가치가 높아지고, 작품의 유통에 로열티를 설정함으로써 2차 유통의 이익을 아티스트에게 환원할 수 있다는 가치가 생겨납니다. 게임 아이템의 영역에서는 아이템을 NFT화함으로써 자유롭게 거래할 수 있게 되고, 다른 게임에 아이템을 가져올 수 있게 될 것입니다.

이처럼 각각의 비즈니스 영역의 특징에 따라 NFT의 비즈니스 가치가 구체적인 **고객 체험**으로 나타납니다. **NFT 비즈니스에 대해서 생각할 때는 이러한 연결점을 의식하여 NFT화의 가치가 어디에 있는지를 검토하는 것이 중요합니다.**

그림1-24 NFT의 비즈니스 가치

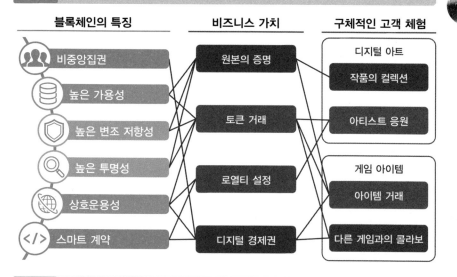

그림1-25 비즈니스 가치의 예

원본의 증명

변조가 불가능한 블록체인에 기록함으로써 토큰이 유일무이하며, 복사본과는 다른 원본 그 자체임을 증명한다.

토큰의 거래

공통 규격(ERC-721 등)에 따라 설계함으로써 여러 플랫폼을 넘나드는 토큰을 자유롭게 거래할 수 있게 한다.

로열티 설정

스마트 계약을 이용하여 토큰 발행자(아티스트 및 사업자 등)에게 수익을 환원하도록 설계할 수 있다.

디지털 경제권

• 콘텐츠를 NFT로 유통시켜, 대체통화로 암호 화폐를 이용하는 독자적인 경제권을 창출한다.
• 다른 플랫폼끼리 상호 운용도 기대할 수 있다.

Point

✔ 블록체인의 특성에서 NFT의 비즈니스 가치가 도출된다.

✔ 각각의 비즈니스 영역의 특성에 따라 NFT의 비즈니스 가치가 구체적인 고객 체험으로 나타난다.

✔ 비즈니스 가치와 고객 체험의 연결점을 의식하여 NFT화의 가치를 검토한다.

이 장에서는 NFT의 기초에 대해 폭넓은 관점에서 설명했습니다. 더욱 깊은 내용은 2장 이후에서 설명해 나가는데, 그전에 실제로 판매되고 있는 NFT를 살펴봅시다.

먼저 「DOSI Vault」를 살펴보겠습니다. 아래의 링크를 통해 DOSI Vault 웹사이트에 접속해 봅시다. 화면 위의 메뉴에서 「Marketplace」를 선택하면 판매되고 있는 NFT가 표시됩니다. 그중에서 궁금한 NFT를 선택하세요. NFT 브랜드 및 출품자, 판매 가격 등의 상세 정보가 표시됩니다.

다음으로 세계 최대의 마켓플레이스인 「OpenSea」도 살펴봅시다. 다음 QR 코드 또는 링크를 통해 OpenSea의 웹 사이트에 접속하세요. 화면 위쪽에 아트, 게이밍, 음악 등의 카테고리가 있으며 다양한 NFT가 판매되고 있는 것을 알 수 있습니다.

DOSI Vault

URL : https://citizen.
dosi.world/

OpenSea

URL : https://opensea.io/

블록체인의 기초

NFT를 뒷받침하는 기술을 이해한다

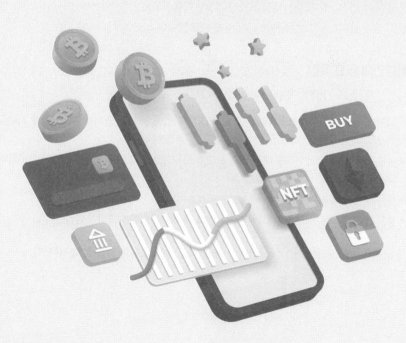

≫ 블록체인이란?

블록체인의 구조

블록체인이란 임의의 데이터를 **블록**이라는 단위로 기록하고, **각 블록을 1개의 사슬 (체인)처럼 연결하여 보관하는 기술**입니다. 각 블록에는 **해시값**이라는 이전 블록의 내용으로부터 도출되는 데이터가 포함되어 있습니다. 이로 인해 블록 간의 연결이 보증되는 구조로 되어 있습니다(그림 2-1).

이러한 해시값의 구조에 의해 악의가 있는 공격자가 어떤 블록의 내용을 변조한 경우에는 다음 블록과의 정합성이 지켜지지 않게 되므로 변조를 검지할 수 있습니다. 또한, 컨센서스 알고리즘(2-11~2-14 절 참조)이라는 구조에 의해 블록을 다시 만드는 것은 어렵고, **블록체인으로 관리되고 있는 데이터의 변조도 어렵습니다.**

블록체인은 같은 데이터를 네트워크상에 존재하는 **노드**라는 여러 개의 컴퓨터에 분산하여 보유합니다. 그래서 블록체인은 **분산대장**이라고도 합니다(그림 2-2).

블록체인의 주요 특징

블록체인의 주요 기술적 특징은 다음과 같습니다.

- ◆ 비중앙집권: 기존의 시스템과 같은 관리자의 존재 없이, 노드의 합의제로 데이터를 기록할 수 있습니다.
- ◆ 높은 가용성: 같은 데이터를 여러 개의 노드가 보유하고 있기 때문에 어떤 서버가 다운되어도 네트워크 전체가 정지되지 않습니다.
- ◆ 높은 투명성: 블록의 내용은 누구나 볼 수 있습니다
- ◆ 높은 변조 저항성: 위의 해시값의 구조로 인해 블록을 나중에 변조하기 어렵습니다.

이러한 특징들을 활용하여 블록체인은 다양한 분야에서 활용되고 있습니다.

그림 2-1   블록과 해시값

각 블록에는 한 개 이전 블록의
내용으로부터 도출되는 해시값이
포함되어 있다.

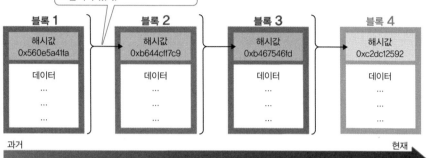

블록 1	블록 2	블록 3	블록 4
해시값 0x560e5a41fa	해시값 0xb644cff7c9	해시값 0xb467546fd	해시값 0xc2dc12592
데이터 … … …	데이터 … … …	데이터 … … …	데이터 … … …

과거   현재

그림 2-2   분산된 노드에 의한 비중앙집권 구조

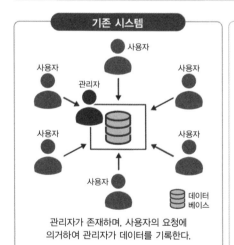

기존 시스템

관리자가 존재하며, 사용자의 요청에
의거하여 관리자가 데이터를 기록한다.

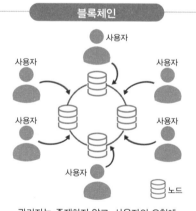

블록체인

관리자는 존재하지 않고, 사용자의 요청에
의거하여 노드 간의 합의제로 데이터를
기록해 나간다.

Point

✔ 블록체인은 데이터를 블록이라는 단위로 1개의 사슬(체인)처럼 연결하고 보관하는
   기술
✔ 블록에는 1개 이전 블록의 해시값이 포함되어 있으며, 블록의 변조를 하기 어려운
   구조로 되어 있다.

≫ 블록체인의 유스케이스

블록체인 = 비트코인이 아니다

자주 혼동하는데, **블록체인과 비트코인은 같은 것이 아닙니다. 블록체인의 유스케이스 중 하나로** 비트코인으로 대표되는 **암호 화폐**가 있습니다. 따라서 블록체인은 비트코인을 지탱하는 기반 기술이라고도 할 수 있습니다. 블록체인 기술에 의해 관리자의 존재가 없는 네트워크상에서 재산적 가치를 주고받을 수 있게 되었습니다.

비트코인의 탄생 이후, 다양한 종류의 암호 화폐가 블록체인의 기술을 이용해 발행되고 있습니다(그림 2-3).

암호 화폐 이외의 유스케이스의 확산

당초, 가상 화폐로 인지도를 높인 비트코인의 등장으로 블록체인 기술에 주목하게 되었습니다. 현재는 그 이용 범위가 확대되어, **블록체인 2.0의 디지털 증권(보안 토큰, ST) 및 블록체인 3.0의 NFT, 서플라이 체인 관리, 전자 투표와 같은 암호 화폐 이외의 다양한 분야에서 블록체인이 활용되고 있습니다**(그림 2-4).

NFT의 보급

블록체인의 유스케이스 중 하나로 주목받고 있는 것이 NFT입니다. 암호 화폐로 대표되는 디지털 자산(토큰 · 2-16 절 참조) 중에서도 하나하나가 식별 가능한 것을 NFT라고 부릅니다.

NFT의 구조를 통해 디지털 아트 등의 데이터를 NFT와 연결함으로써 블록체인이 가진 「변조 저항성」이라는 특징을 살려 데이터에 유일성을 부여할 수 있습니다. 또한, NFT는 마켓에서 매매할 수 있으며, 그 시장 규모가 급속히 확대되고 있습니다.

그림 2-3 **주요 블록체인과 암호 화폐**

암호 화폐 명칭	비트코인	이더	솔	에이다	폴카닷	아발란체
약칭	BTC	ETH	SOL	ADA	DOT	AVAX
사용되고 있는 블록체인	비트코인	이더리움	솔라나	카르다노	폴카닷	아발란체
영문 표기	Bitcoin	Ethereum	Solana	Cardano	Polkadot	Avalanche
네트워크 가동 시작 연도(일반 공개 시작 연도)	2009년	2015년	2020년	2017년	2020년	2020년
개발 언어	C++	Go, Rust, C#, TypeScript, Nim, Java	Rust	Haskell	Rust	Go

그림 2-4 **블록체인의 적응 범위의 확대**

블록체인의 적응 영역은 확장되고 있으며,
그 단계에 따라 블록체인 1.0, 2.0, 3.0으로 분류될 수 있다.

	블록체인 1.0	블록체인 2.0	블록체인 3.0
적응 영역	암호 화폐	금융 영역	비금융 영역
특징	암호 화폐에 의한 가치의 이전을 기록한다.	암호 화폐 이외의 금융 거래를 기록한다.	블록체인상에서 프로그램을 동작시켜 다양한 서비스를 실현한다.
사례	암호 화폐	• 주식, 회사채, 부동산 등의 디지털 증권 (보안 토큰, ST) • 크라우드 펀딩 • 대출 등	• NFT • 서플라이 체인 관리 • 트레이서빌리티 • ID 관리 • 전자 투표 등

적용 범위의 확대

Point

✔ 블록체인 = 암호 화폐가 아니며, 암호 화폐는 블록체인의 유스케이스 중 하나에 불과하다.

✔ 디지털 증권 및 NFT, 서플라이 체인 관리, 전자 투표 등 블록체인의 적용 분야는 확대되고 있다.

≫ 블록체인의 역사

비트코인의 탄생

블록체인은 2008년 11월에 사토시 나카모토라 자칭하는 정체불명의 인물에 의해 발표된 논문을 바탕으로 하고 있습니다. 이 논문을 바탕으로 2009년 1월에 **비트코인**이 탄생했습니다(그림 2-5).

이듬해 5월 22일에는 미국 플로리다주에서 프로그래머가 피자 2판을 1만 비트코인으로 구입한 것이 세계 최초의 비트코인으로의 상거래로 알려져 있습니다. 그래서 5월 22일은 「비트코인 피자데이」로 부르고 있습니다. 그 후, 기술자 이외의 일반인의 인지도가 높아져 비트코인의 시가는 크게 상승했습니다.

블록체인 기술의 응용

비트코인의 탄생으로 네트워크상에서 관리자 없이 암호 화폐를 거래할 수 있게 되었습니다. 암호 화폐 이외의 블록체인 활용을 위한 큰 전환점은 2015년 **이더리움**의 등장입니다(그림 2-5). 이더리움으로는 누구나 블록체인상에서 동작하는 스마트 계약(2-5 절 참조)이라는 프로그램을 개발할 수 있습니다. NFT도 스마트 계약으로 실현되며, 대부분이 이더리움으로 발행되고 있습니다.

이더리움의 문제점과 다양한 블록체인의 탄생

이더리움에서는 처리되는 데이터 양이 증가하며, 데이터 처리 시간 및 처리에 필요한 비용도 상승하고 있습니다. 데이터 처리량의 증대에 의해 발생하는 문제를 **스케일러빌리티 문제**라고 합니다. 이 문제에 대처하기 위한 구조를 갖춘 솔라나, 폴카닷 등의 **이더리움 킬러**라 불리는 블록체인이 등장하고, **NFT 플랫폼으로 블록체인의 선택지도 넓어지고 있습니다.** 또한, 이더리움도 업그레이드가 계획되고, 그 준비가 진행되고 있습니다(그림 2-6).

그림 2-5 　블록체인 연표

연도	사건
2008년	사토시 나카모토가 논문 「Bitcoin: A Peer-to-Peer Electronic Cash System」을 발표
2009년	비트코인 탄생
2010년	• 5월 22일(Bitcoin Pizza Day)에 세계 최초의 암호 화폐(비트코인)로 상거래가 이뤄짐 • 비트코인 거래소가 서비스를 시작
2013년	이더리움 백서가 공개됨
2015년	이더리움이 일반 공개됨
2017년	카르다노가 일반 공개됨
2018년	데조스가 일반 공개됨
2019년	알고랜드가 일반 공개됨
2020년	솔라나, 폴카닷, 아발란체가 일반 공개됨

그림 2-6 　스케일러빌리티 문제와 이더리움 킬러의 등장

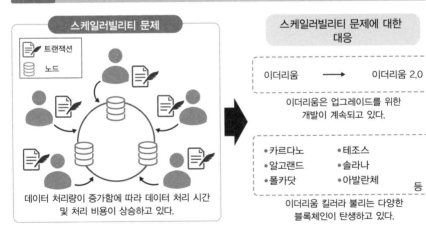

스케일러빌리티 문제

트랜잭션
노드

데이터 처리량이 증가함에 따라 데이터 처리 시간
및 처리 비용이 상승하고 있다.

스케일러빌리티 문제에 대한 대응

이더리움 ⟶ 이더리움 2.0

이더리움은 업그레이드를 위한
개발이 계속되고 있다.

• 카르다노　　• 테조스
• 알고랜드　　• 솔라나
• 폴카닷　　　• 아발란체　등

이더리움 킬러라 불리는 다양한
블록체인이 탄생하고 있다.

Point

✔ 이더리움의 등장으로 인해 암호 화폐 이외의 분야에서 블록체인의 활용이 넓어졌다.
✔ 이더리움 킬러라 불리는 다양한 특징을 가진 블록체인들이 다수 개발되고 있다.

≫ 블록체인의 분류

블록체인의 분류 방법

블록체인에는 다양한 유형이 있습니다. 특히 「**블록체인의 네트워크에 누가 참가할 수 있는가**」라는 관점에서 퍼미션리스형(**퍼블릭 블록체인**)과 퍼미션드형으로 나눌 수 있습니다. 또 퍼미션드형은 「그 네트워크의 관리자는 누구인가」라는 관점에서 **컨소시엄 블록체인과 프라이빗 블록체인**으로 나눌 수 있습니다(그림 2-7).

퍼블릭 블록체인의 특징

유명한 비트코인이나 이더리움은 퍼블릭 블록체인으로 분류됩니다. 그 특징은 관리자가 존재하지 않고 참가자에게 제한이 없고 누구나 그 네트워크에 참가할 수 있다는 점입니다. 기록된 데이터도 모두 공개되며 투명성이 높은 점도 들 수 있습니다.

다만, 참가자가 불특정 다수이므로 데이터 처리에 시간이 걸릴 수 있는 단점도 있습니다. **NFT는 대부분이 퍼블릭 블록체인, 특히 이더리움으로 처리되고 있습니다.**

컨소시엄 블록체인과 프라이빗 블록체인

퍼미션드형의 특징은 관리자가 존재하고 참가자가 한정되어 있는 점입니다. 네트워크에 참가하려면 관리자의 허가가 필요합니다. 퍼블릭 블록체인에 비하면 투명성이 낮고 중앙집권적인 요소가 포함되어 있습니다. 한편 참가자가 한정되어 있기 때문에 데이터 처리에는 많은 시간이 걸리지 않습니다.

또, 네트워크 관리자가 여럿 존재하는 경우를 컨소시엄 블록체인, 단독의 경우를 프라이빗 블록체인이라고 합니다. 전자는 여러 기업과 조직이 공동으로 운영하고 있습니다(그림 2-8).

그림 2-7 3가지 유형의 블록체인

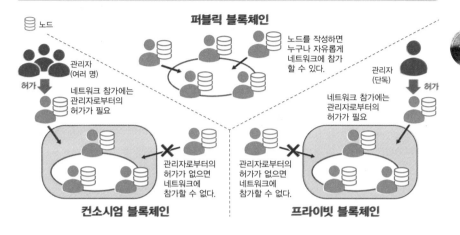

퍼블릭 블록체인

📀 노드

관리자
(여러 명)

허가

네트워크 참가에는
관리자로부터의
허가가 필요

노드를 작성하면
누구나 자유롭게
네트워크에 참가
할 수 있다.

관리자
(단독)

허가

네트워크 참가에는
관리자로부터의
허가가 필요

관리자로부터의
허가가 없으면
네트워크에
참가할 수 없다.

관리자로부터의
허가가 없으면
네트워크에
참가할 수 없다.

컨소시엄 블록체인

프라이빗 블록체인

그림 2-8 블록체인 유형에 따른 비교

분류	퍼블릭 블록체인	컨소시엄 블록체인	프라이빗 블록체인
	퍼미션리스형	퍼미션드형	퍼미션드형
관리자	없음	있음(여러 조직에 의한 공동 운영)	있음 (단일 조직에 의한 운영)
네트워크에 참가	누구나 참가할 수 있음 (다른 참가자의 허가가 필요하지 않음)	관리자의 허가가 필요함	관리자의 허가가 필요함
합의 형성	블록체인마다 고유의 합의 형성 구조에 따른다.	특정 참가자 간에만 합의 형성을 하는 경우가 많다. (합의가 필요한 참가자를 임의로 설정할 수 있다)	특정 참가자 간에만 합의 형성을 하는 경우가 많다. (합의가 필요한 참가자를 임의로 설정할 수 있다)
데이터 처리 속도	프라이빗형 및 컨소시엄형과 비교하면 느리다.	퍼블릭형과 비교하면 빠르다.	퍼블릭형과 비교하면 빠르다.
주요 블록체인	비트코인, 이더리움, 솔라나, 폴카닷, 카르다노, 아발란체	Hyperledger Fabric, Corda, Quorum	Hyperledger Fabric, Corda, Quorum

Point

✔ 「블록체인 네트워크에 누가 참가할 수 있는가」라는 관점에서 크게 퍼미션리스형과 퍼비션드형 2가지로 분류된다.

✔ NFT는 대부분이 퍼미션리스형인 퍼블릭 블록체인. 특히 이더리움에서 처리되고 있다.

» 이더리움의 역사와 특징

이더리움이란?

이더리움은 2013년에 당시 캐나다 학생이었던 비탈릭 부테린(Vitalik Buterin)이 발표한 구상에 의거하여 개발된 블록체인의 명칭입니다. 이더리움으로 발행된 암호화폐는 **이더**(Ether, 약칭: ETH)라고 합니다.

이더리움 이전의 블록체인은 암호 화폐 개발을 목적으로 한 반면, 이더리움은 24시간 자율적으로 가동되는 범용 컴퓨터의 실현을 목적으로 하고 있습니다. 이더리움은 오픈소스화되어 개발자 커뮤니티에 의해 개발과 업데이터가 이뤄지고 있으며, 각 업데이트에는 명칭이 붙여져 있습니다. 2022년 9월 이더리움 2.0 버전으로의 업그레이드가 진행되었습니다(그림 2-9).

이더리움의 특징

이더리움의 특징은 **스마트 계약**이라는 구조로, 분산형 애플리케이션을 구축하기 위한 플랫폼이라는 점입니다. **개발자는 스마트 계약이라는 프로그램을 작성하고, 이더리움에 기록함으로써 프로그램을 블록체인상에서 실행시킬 수 있습니다**(그림 2-10).

이 「스마트 계약을 이더리움상에 기록하고 실행 가능한 상태로 한다」를 배포(deploy)라고 하며, 배포(deploy)된 스마트 계약을 실행하고 그 처리 결과를 블록체인에 저장할 수 있습니다.

이더의 송금 및 스마트 계약의 배포(deploy)나 그 실행에는 수수료(2-10 절 참조)를 지불해야 합니다. 이더는 이 수수료의 지불에도 사용되기 때문에 스마트 계약을 이용하기 위한 유틸리티(유효성, 실용성)를 가진 토큰으로서 유틸리티 토큰이라고도 합니다. **NFT의 대부분은 이더리움에서 처리되며, 스마트 계약의 구조로 실현되고 있습니다.**

그림 2-9 이더리움의 주요 역사

연도	사건
2013년	이더리움 고안(백서 발표)
2014년	이더리움 개발을 위한 자금 조달이 이뤄짐
2015년	이더리움 공개(프런티어 〈Frontier〉 업데이트)
2016년	홈스테드(Homestead) 업데이트
2017년	메트로폴리스(Metropolis)의 일부인 비잔티움 업데이트
2019년	메트로폴리스(Metropolis)의 일부인 콘스탄티노플 업데이트
2020년	이더리움 2.0으로의 이행을 위한 업그레이드 시작 (세레니티 〈Serenity〉 업데이트)
2022년	컨센서스 알고리즘(2-11 절 참조)을 PoW(2-12 절 참조)에서 PoS(2-13 절 참조)로 변경

※ 이더리움은 처음부터 4단계(프런티어, 홈스테드, 메트로폴리스, 세레니티)의 업데이트를 거쳐 이더리움 2.0 버전으로 업그레이드가 계획되어 있었다.

그림 2-10 비트코인과 이더리움의 차이

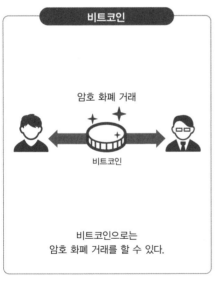

비트코인

암호 화폐 거래

비트코인

비트코인으로는
암호 화폐 거래를 할 수 있다.

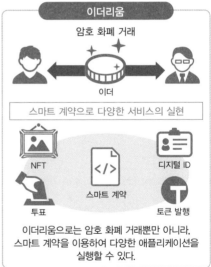

이더리움

암호 화폐 거래

이더

스마트 계약으로 다양한 서비스의 실현

NFT
스마트 계약
디지털 ID
투표
토큰 발행

이더리움으로는 암호 화폐 거래뿐만 아니라,
스마트 계약을 이용하여 다양한 애플리케이션을
실행할 수 있다.

Point
✔ 이더리움으로는 스마트 계약의 구조에 의해 암호 화폐의 거래 이외의 다양한 처리도 시행할 수 있다.
✔ NFT는 스마트 계약의 구조로 실현되고 있다.

≫ 이더리움의 데이터 처리 구조

월렛을 사용한 트랜잭션의 작성과 송신

여기서부터 2-14 절까지, NFT가 가장 많이 발행되고 있는 이더리움에서의 데이터 처리 구조를 소개합니다. 여기에서는 대략적인 흐름(그림 2-11)을 설명하므로 자세한 내용은 해당 절을 참조하세요.

이더리움에서 이더의 송금이나 NFT 작성 및 이전 등을 위해 스마트 계약을 실행하려면 사용자가 소유하는 외부 소유 계정(2-7 절 참조)에서 특정 포맷에 따라 데이터를 노드로 송신해야 합니다. 이 데이터를 **트랜잭션**이라고 합니다. 트랜잭션을 송신할 때는 외부 소유 계정에 연결된 비밀키로 트랜잭션에 서명을 해야 합니다(2-8 절 참조).

외부 소유 계정은 보통, **월렛**이라는 애플리케이션을 이용해서 관리합니다(2-9 절 참조). 월렛을 이용해서 트랜잭션의 작성, 서명, 송신을 시행할 수 있습니다.

노드에 의한 블록의 작성과 공유

트랜잭션을 전송할 때는 트랜잭션 수수료를 지불해야 합니다(2-10 절 참조). 트랜잭션을 송신하면 트랜잭션을 받은 노드는 유효성을 확인하고 다른 노드에 전송합니다. 이 과정이 반복되면서 트랜잭션은 네트워크 전체에서 공유됩니다.

그 후, 트랜잭션은 컨센서스 알고리즘이라는 노드 간의 합의 형성 메커니즘에 따라 블록 작성권을 획득한 노드에 의해 블록으로 합쳐집니다. 블록을 작성한 노드는 보수로 이더를 획득할 수 있습니다(2-11~2-14 절 참조).

그리고 작성된 블록은 다른 노드로 전송되어, 각 노드가 체인의 끝에 블록을 포함하는 동시에 스테이트(2-7 절 참조)를 갱신함으로써 일련의 트랜잭션 처리가 완료됩니다(그림 2-12).

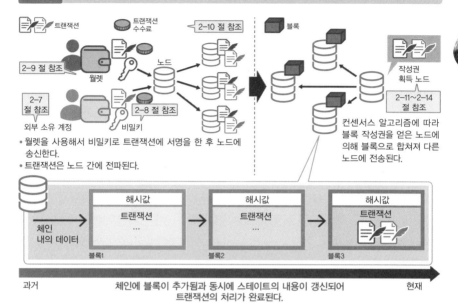

그림 2-11 트랜잭션의 흐름

• 월렛을 사용해서 비밀키로 트랜잭션에 서명을 한 후 노드에 송신한다.
• 트랜잭션은 노드 간에 전파된다.

컨센서스 알고리즘에 따라 블록 작성권을 얻은 노드에 의해 블록으로 합쳐져 다른 노드에 전송된다.

체인에 블록이 추가됨과 동시에 스테이트의 내용이 갱신되어 트랜잭션의 처리가 완료된다.

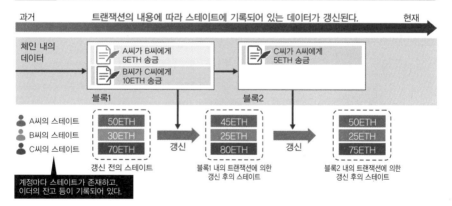

그림 2-12 트랜잭션에 의한 스테이트의 갱신

트랜잭션의 내용에 따라 스테이트에 기록되어 있는 데이터가 갱신된다.

Point

✔ 이더의 송금 및 NFT의 작성이나 이전을 위해 스마트 계약을 실행하려면 외부 소유 계정으로부터 트랜잭션을 송신해야 한다.

✔ 트랜잭션의 작성과 송신은 월렛이라는 애플레이션으로부터 시행한다.

≫ 이더리움 계정과 스테이트

2종류의 계정

이더리움에는 **외부 소유 계정**(EOA: Externally Owned Account)과 **컨트랙트 계정**이라는 2종류의 계정이 있습니다. 계정은 **어드레스**라는 문자열로 유일하게 식별할 수 있습니다.

외부 소유 계정은 사용자가 사용하는 계정입니다. 비밀키를 바탕으로 만들어졌습니다(2-8 절 참조). 다른 외부 소유 계정 및 뒤에서 설명하는 컨트랙트 계정에 대해서 비밀키로 서명한 트랜잭션을 송신함으로써 이더를 송금하거나 컨트랙트 계정이 가진 프로그램(스마트 계약)을 실행할 수 있습니다. 은행 계좌로 비유하면 어드레스를 계좌번호, 비밀키를 비밀번호라고 볼 수 있습니다.

컨트랙트 계정은 스마트 계약을 배포(deploy)하면 작성되는 계정입니다. 비밀키를 갖지 않기 때문에 자기 스스로 트랜잭션을 작성할 수 없는 한편, 이더의 수취 및 외부 소유 계정으로부터의 트랜잭션에 따라 스마트 계약을 실행하거나 다른 컨트랙트 계정의 스마트 계약을 호출할 수 있습니다(그림 2-13).

스테이트의 구조

이더리움에는 **스테이트**라는 구조가 있습니다. 계정은 각각 고유의 스테이트를 갖고 있으며, 트랜잭션에 따라 스테이트의 내용이 변화합니다. 외부 소유 계정의 스테이트 내에서는 이더의 잔고, 컨트랙트 계정의 스테이트 내에서는 이더의 잔고 및 스마트 계약의 실행 결과가 관리되고 있습니다. **NFT의 보유자 정보를 비롯한 데이터도 그 컨트랙트 계정의 스테이트 내에 기록되고 있습니다.** 스테이트는 트리 구조로 관리되지만 트리 구조 자체는 블록에 포함하지 않고, 체인 밖의 데이터로 노드가 관리하고 있습니다. 블록에는 그 트리 구조의 요약값만이 기록되어 있습니다(그림 2-14).

그림 2-13 **외부 소유 계정(EOA)과 컨트랙트 계정**

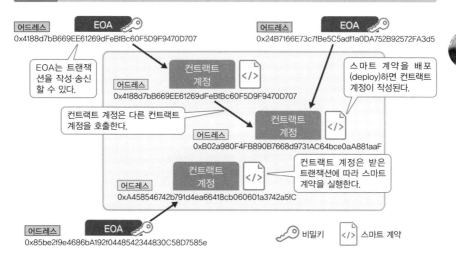

그림 2-14 **블록과 스테이트**

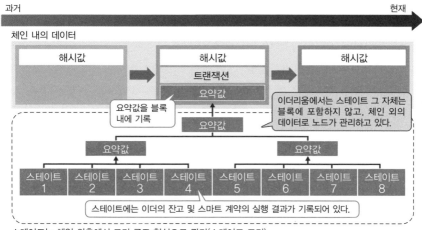

스테이트는 체인 외측에서 트리 구조 형식으로 관리(스테이트 트리)

Point

✔ 이더리움에는 외부 소유 계정(EOA)과 컨트랙트 계정이라는 2종류의 계정이 있으며 각각 스테이트를 가진다.

✔ NFT의 보유자 정보를 비롯한 NFT에 관한 데이터는 컨트랙트 계정의 스테이트 내에 기록되고 있다.

≫ 비밀키와 서명의 구조

트랜잭션으로의 서명

블록체인에서는 트랜잭션을 송신할 때 트랜잭션에 **서명**을 해야 합니다. 서명에는 **공개키 암호 방식**에 의한 서명이 이용됩니다.

공개키 암호 방식은 데이터의 암호화와 복호에 **비밀키**와 공개키라는 2가지 다른 키를 사용하는 암호 방식입니다. 공개키는 일반에 공개할 수 있는 키인 한편, 비밀키는 타인에게 알려지지 않도록 엄중히 보관해야 합니다.

서명에는 이 공개키 암호 방식과 **해시 함수**라는 2가지 기술이 이용됩니다(그림 2-15). 해시 함수는 입력된 데이터에 대해 일정한 순서로 계산을 실시하고, 해시값이라는 사전에 정해진 길이의 데이터로 변환하는 구조를 말합니다. 서명으로 데이터의 정당성(비밀키를 가진 본인에 의해 작성된 것, 작성 후에 변조되지 않은 것)이 데이터 송신자 이외의 제삼자로부터도 검증할 수 있게 됩니다.

이더리움에서의 비밀키와 EOA 어드레스의 관계

이더리움에서는 비밀키를 바탕으로 한 EOA의 어드레스가 유일하게 정해집니다. 그 어드레스에 연결되어 있는 이더 및 토큰을 다른 계정으로 이전할 수 있는 것은 바탕이 되는 비밀키로 서명을 실시한 트랜잭션뿐입니다. 그렇기 때문에 비밀키는 자신만의 비밀 데이터로 엄중하게 보관해야 합니다.

이더리움에서는 16진수로 64자리 문자열이 비밀키로 사용됩니다. 공개키는 비밀키로부터 ECDSA(Elliptic Curve Digital Signature Algorithm)라는 타원곡선 암호 방식을 이용한 암호 알고리즘을 사용해서 생성됩니다.

또 EOA 어드레스는 공개키로부터 Keccak-256이라는 해시 함수를 사용하여 일정한 조작을 실시함으로써 구할 수 있습니다(그림 2-16).

그림 2-15　공개키 암호 방식에 의한 서명

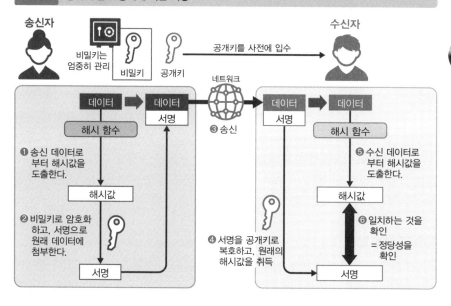

그림 2-16　이더리움에서의 비밀키로부터 EOA 어드레스 도출의 흐름

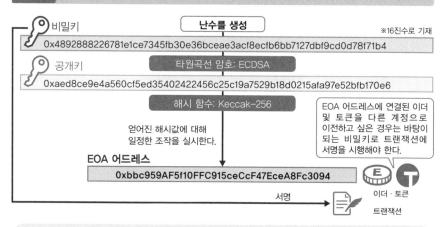

Point

✔ 트랜잭션의 송신에는 비밀키로 서명을 시행해야 한다.

✔ 서명에는 공개키 암호 방식과 해시 함수라는 2가지 기술이 사용되고 있다.

✔ 이더리움에서는 비밀키에 일정한 조작을 실시함으로써 EOA 어드레스를 유일하게 구할 수 있다.

≫ 월렛과 그 분류

월렛이란?

NFT를 발행·이전을 실시하기 위해서는 월렛이라는 애플리케이션이 필요합니다. 월렛의 명확한 정의는 존재하지 않지만, 일반적으로는 ❶비밀키를 관리할 수 있는 것, ❷비밀키를 이용해서 트랜잭션에 서명하고, 노드에 송신할 수 있는 것, ❸암호 화폐의 잔고 정보 및 NFT의 보유 상황, 트랜잭션의 실행 이력 등 블록체인에 관한 다양한 정보를 참조·조작할 수 있는 것을 월렛이라고 합니다(그림 2-17).

월렛의 분류 방법

월렛이라는 용어를 통해 암호 화폐나 NFT 그 자체를 보관하고 있는 것처럼 생각하기 쉽지만, 실제로 블록체인에 관한 다양한 조작을 실시하기 위한 **비밀키를 관리하고 있는 애플리케이션**입니다. 다양한 월렛이 존재하는데, 비밀키 관리 구조의 관점에서 **네트워크에 접속되어 있는지 여부에 따라 다음 2가지로 분류할 수 있습니다**(그림 2-18).

- ◆ **핫월렛**: 인터넷에 접속할 수 있는 환경에서 비밀키를 관리하고 있는 월렛
- ◆ **콜드월렛**: 인터넷에서 격리된 환경에서 비밀키를 관리하고 있는 월렛

핫월렛은 인터넷에 연결되어 있기 때문에 언제든지 트랜잭션에 서명하고, 송신할 수 있습니다. 편리성이 높은 반면, 비밀키를 도난당하지 않도록 보안을 주의해야 합니다. 한편 콜드월렛은 인터넷에서 격리된 환경 하에 있기 때문에 보안 레벨은 높은 반면, 트랜잭션으로의 서명에 시간이 걸리므로 핫월렛과 비교해서 트랜잭션의 송신에 시간이 걸립니다.

그림 2-17 월렛의 기능

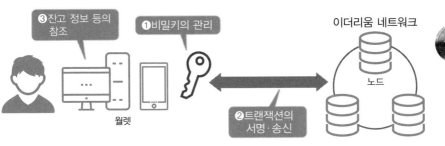

- ③잔고 정보 등의 참조
- ①비밀키의 관리
- 이더리움 네트워크
- 노드
- 월렛
- ②트랜잭션의 서명·송신

그림 2-18 월렛의 분류

	핫월렛	콜드월렛
이미지	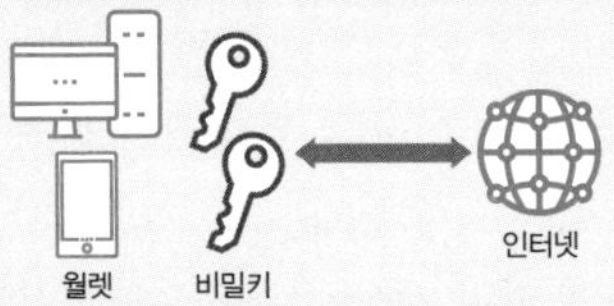 월렛　비밀키　인터넷	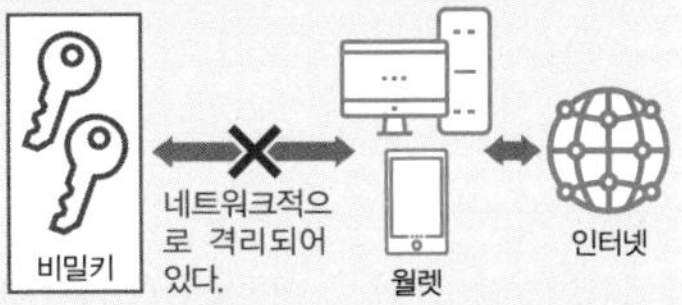 비밀키　네트워크적으로 격리되어 있다.　월렛　인터넷
특징	인터넷에 접속할 수 있는 환경에서 키를 관리하고 있는 월렛	인터에서 격리된 환경 하에 키를 관리하고 있는 월렛
장점	트랜잭션의 송신을 실시간으로 실시한다.	비밀키가 도난당할 위험을 저감할 수 있다.
단점	해킹이나 바이러스 감염 등으로 비밀키가 도난당할 위험이 있다.	트랜잭션의 송신에 시간이 걸린다.
월렛의 주요 종류	•웹 월렛: 웹서비스로 서버 내에서 비밀키를 관리하고 있으며, 브라우저에서 로그인해서 사용할 수 있는 월렛 •데스크톱 월렛: PC 앱으로 비밀키를 관리하는 월렛 •모바일 월렛: 스마트폰 앱으로 비밀키를 관리하는 월렛	•페이퍼 월렛: 종이에 비밀키를 기록하여 관리하는 월렛 •하드웨어 월렛: 전용의 물리 디바이스로 비밀키를 관리하는 월렛
예	•BitGo(웹 월렛) •Guarda (데스크톱 월렛) •Coinomi (모바일 월렛)	•Ledger Nano X (하드웨어 월렛) •Ledger Nano S Plus (하드웨어 월렛) •TREZOR(하드웨어 월렛)

Point

✔ 월렛으로는 비밀키를 관리하며, 트랜잭션의 서명·송신 등을 실시할 수 있다.

✔ 월렛은 인터넷에 접속되어 있는지 여부에 따라 크게 2가지로 분류할 수 있다.

≫ 이더리움 트랜잭션 수수료

트랜잭션 수수료의 구조 //

이더리움 등의 퍼블릭 블록체인으로 암호 화폐 송금이나 NFT 발행 및 이전 등을 실시하기 위한 트랜잭션을 송신할 때에는 **트랜잭션 수수료**를 지불해야 합니다. 이더리움에는 블록마다 고정으로 드는 수수료(Base Fee)와 블록 작성자에 대한 팁으로 지불하는 수수료(Priority Fee) 2가지 종류가 존재합니다. 수수료는 이더로 지불하는데 거기서 등장하는 것이 **Gas**라는 개념입니다.

Gas는 트랜잭션을 처리하기 위해 필요한 에너지 소비량을 가리키는 용어입니다. Gas는 가솔린에 비유할 수 있으며,「어떤 트랜잭션을 실행하는 데 10리터(=10Gas)가 들었다」와 같은 이미지입니다. Gas의 소비량은 트랜잭션의 처리 내용에 따라 정해지며, 이더 송금에는 21,000Gas, NFT 발행에는 수십만 Gas가 소요됩니다. **수수료는 Gas의 소비량과 Gas의 단가에 따라 계산됩니다**(그림 2-19).

Base Fee는 Gas 소비량과 트랜잭션이 포함되는 블록에 설정되는 Gas의 단가(Base Fee Per Gas)에 따라 결정됩니다. Base Fee Per Gas는 뒤에서 설명하는 구조에서 블록마다 자동으로 조정됩니다.

Priority Fee는 Gas 소비량과 트랜잭션 송신자가 설정하는 임의의 Gas 단가(Priority Fee Per Gas)에 따라 결정됩니다. 단가를 높게 설정함으로써 트랜잭션 처리의 우선도를 높이고, 처리 시간을 단축할 수 있는 가능성이 있습니다.

Base Fee Per Gas 결정 방식 //

블록에는 블록 내의 Gas 기준이 되는 용량인 Target Block Size(약 1,500만 Gas)와 최대 용량인 Block Gas Limit(약 3,000만 Gas) 2가지 값이 설정되어 있습니다. 블록 내의 모든 트랜잭션이 소비한 Gas 총량의 Target Block Size에 대한 많고 적음에 따라, 다음 블록의 BaseFee Per Gas가 변화하는 구조입니다(그림 2-20).

그림 2-19   이더리움 트랜잭션 수수료의 계산 방법

블록

| 트랜잭션1
Gas 소비량 = 200,000 |
| 트랜잭션2
Gas 소비량 = 500,000 |
| ⋮ |
| 트랜잭션120
Gas 소비량 = 800,000 |
| 트랜잭션121
Gas 소비량 = 400,000 |

1개 블록에서의
Gas의 총 소비 상한선은 약 3,000만 Gas

어떤 트랜잭션의 Gas 소비량이 50만인
경우의 수수료 계산 방법

고정으로 들어가는 수수료
Base Fee = Base Fee Per Gas × 500,000

블록 작성에 성공한 노드에 대한 팁
Priority Fee = Priority Fee Per Gas × 500,000

수수료 = Base Fee + Priority Fee

※트랜잭션 송신자는 트랜잭션 송신시에 Gas 단가의
상한(Max Fee Per Gas)을 설정할 수 있다.
「Base Fee Per Gas」와 「Priority Fee Per Gas」의 합계가
「Max Fee Per Gas」를 넘은 경우, Gas의 단가는 최대로
「Max Fee Per Gas」로 설정한 값이 된다.

2

블록체인의 기초

그림 2-20   Gas 소비량과 Base Fee Per Gas와의 관계

블록 내의 전체 트랜잭션의 총 Gas 소비량에 따라
다음 블록의 Base Fee Per Gas가 변화한다.

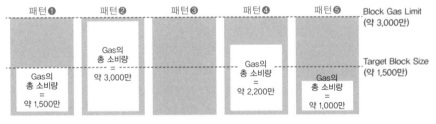

패턴❶   패턴❷   패턴❸   패턴❹   패턴❺   Block Gas Limit
(약 3,000만)

Gas의
총 소비량
=
약 3,000만

Gas의
총 소비량
=
약 2,200만

Target Block Size
(약 1,500만)

Gas의
총 소비량
=
약 1,500만

Gas의
총 소비량
=
약 1,000만

패턴 No.	Block Gas Limit에 대한 블록 내 모든 트랜 잭션의 처리에 들어간 총 Gas 소비량의 비율	다음 블록의 Base Fee Per Gas
❶	50%	변경 없음
❷	100%	최대 12.5% 증가
❸	0%	최대 12.5% 감소
❹	50% 초과 100% 미만	12.5% 미만의 범위에서 증가
❺	0% 초과 50% 미만	12.5% 미만의 범위에서 감소

Point

✔ 퍼블릭 블록체인으로 트랜잭션을 송신할 때는 트랜잭션 수수료를 지불해야 한다.

✔ 이더리움에서 트랜잭션을 처리하는 데 필요한 에너지 소모량을 나타내는 단위를
Gas라고 한다.

✔ 이더리움 수수료는 Gas 소비량과 Gas 단가에 의해 계산된다.

≫ 퍼블릭 블록체인에서의 합의 형성

비중앙집권을 실현하는 컨센서스 알고리즘

퍼블릭 블록체인에는 트랜잭션의 관리를 시행하는 특정 관리자는 없습니다. 그래서 각 노드 간에 트랜잭션의 정당성을 검증하고 합의해야 합니다. 이 **노드 간의 합의 형성을 실시하기 위한 메커니즘을 컨센서스 알고리즘**이라고 합니다.

블록체인과 비잔틴 장군 문제

블록체인을 비롯한 분산형 네트워크에서의 합의 형성에서는 **비잔틴 장군 문제**라 불리는 문제를 해결해야 합니다.

이것은 1980년대에 컴퓨터 과학자인 레슬리 램포트와 동료에 의해 고안된 문제입니다. 특정 관리 시스템이 존재하지 않는 분산형 네트워크 안에서 참가자 중에 고장난 컴퓨터나 오류를 일으킬 컴퓨터가 포함되어 있는 경우에도 네트워크 전체에서 올바른 합의를 형성할 수 있는가 하는 문제입니다(그림 2-21). 램포트와 동료의 연구에 의하면 올바르지 않은 컴퓨터 수가 F대일 때, 정상적인 컴퓨터가 2F + 1대 이상이면 올바르게 합의를 형성할 수 있습니다(그림 2-22).

한정적인 비잔틴 장군 문제의 해결

블록체인 최초로 비잔틴 장군 문제를 해결했다고 여겨지는 것이 비트코인입니다. 퍼블릭 블록체인과 같은 오픈형 네트워크에서는 노드 수나 그 상태(가동 상태나 데이터 변조 등의 악의의 유무)는 항상 변화합니다. 그래서 비트코인에서는 다음 절에서 설명하는 PoW(Proof of Work)와 나카모토 컨센서스라는 컨센서스 알고리즘에 의해 「시간의 경과와 함께 그 시점의 합의가 뒤집힐 확률이 0으로 수렴한다」는 한정적인 비잔틴 장군 문제의 해결이 도모되고 있습니다. 이 때문에 이 합의를 **확률적 비잔틴 합의**라고 부르기도 합니다.

그림 2-21 비잔틴 장군 문제를 해결할 수 없는 경우

장군들이 이끄는 군이 전장에서 적군을 포위하고 있다고 가정한다. N명의 장군이 서로 연락을 주고받으며,「공격」할지「철수」할지 작전을 합의해야 한다. 장군 중에는 F명의 배신자가 존재하는 것을 알고 있다.

N=3, F=1의 경우
정상 노드의 대수(=2대)는 2F + 1대 미만 → 합의 형성은 불가능

❶ 작전 제안자가 배신자인 경우

❷ 작전 제안자 이외가 배신자인 경우

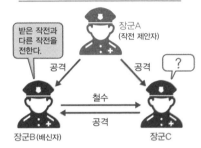

그림 2-22 비잔틴 장군 문제를 해결할 수 있는 경우

N=4, F=1의 경우
정상 노드의 대수(=3대)는 2F + 1대 이상 → 다수결에 의해 작전 합의 형성이 가능

❶ 작전 제안자가 배신자인 경우

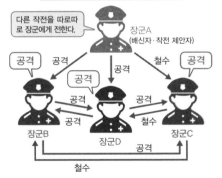

❷ 작전 제안자 이외가 배신자인 경우

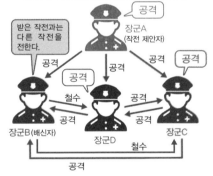

Point

✔ 노드 간에 합의 형성을 하기 위한 메커니즘을 컨센서스 알고리즘이라고 한다.

✔ 퍼블릭 블록체인에서는 확률적 비잔틴 합의가 실현되고 있다.

≫ PoW의 구조

PoW에 의한 블록의 형성

PoW는 Proof of Work의 약어로, 비트코인에서 채용되고 있어서 유명한 컨센서스 알고리즘 기술 요소 중 하나입니다. 2022년 9월 15일 이전의 이더리움에서도 채용되었습니다. PoW에서 노드는 블록 작성권의 획득을 목표로 **마이닝**이라는 작업을 시행합니다.

마이닝에서는 **일정한 난이도의 계산을 시행하고**, 난스(nonce)라는 값을 구합니다(그림 2-23). 이 마이닝을 시행하는 노드를 마이너(Miner)라고 합니다. 난스를 재빨리 계산한 마이너는 난스를 포함한 블록을 다른 노드에 나타내고, 옳다고 판단되면 그 블록은 새로운 블록으로 체인에 추가됩니다. 그때, 블록을 작성한 마이너는 보수로 암호 화폐(비트코인이나 이더)를 받을 수 있습니다.

PoW의 특징은 블록의 변조가 극히 어렵다는 점입니다. 가령 과거의 블록 내용을 조작하려고 한 경우, 그 이후의 모든 블록에 대해 난스의 재계산을 해야 하지만, 마이닝을 시행하는 계산은 계산량이 방대하기 때문에 변조는 매우 어렵습니다. 또한, 마이너에 있어서도 비용을 들여 블록의 변조를 시행하는 것보다 마이닝을 제대로 빨리 시행하여 보수를 받는 것이 경제적인 면에서 합리적인 구조입니다.

작성한 블록을 체인으로 추가

PoW는 블록을 작성하기 위한 구조입니다. 가령 복수의 마이너가 동시에 블록을 만든 경우는 **포크**라는 체인 분기가 생깁니다(2-13 절 참조). 분기를 해소하기 위한 구조로, 비트코인에서는 **나카모토 컨센서스**가 채용되고 있습니다(이더리움에서는 **GHOST 프로토콜**이 채용되었습니다). 이들은 분기 발생 시에 어느 체인을 올바른 체인으로 간주할지에 대한 약속입니다. 이 약속에 따라 마이너가 블록 추가를 시행함으로써 시간의 경과와 함께 체인이 1개로 수렴됩니다(그림 2-24).

그림 2-23 마이닝에 의한 난스의 도출

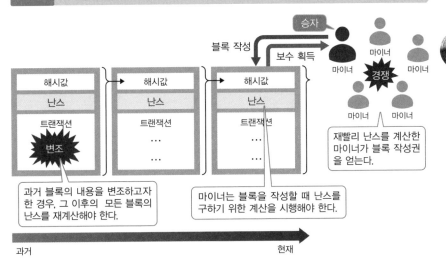

승자

블록 작성

보수 획득

마이너
마이너
마이너
경쟁
마이너
마이너

재빨리 난스를 계산한 마이너가 블록 작성권을 얻는다.

해시값

난스

트랜잭션

변조

해시값

난스

트랜잭션

...

...

해시값

난스

트랜잭션

...

...

과거 블록의 내용을 변조하고자 한 경우, 그 이후의 모든 블록의 난스를 재계산해야 한다.

마이너는 블록을 작성할 때 난스를 구하기 위한 계산을 시행해야 한다.

과거

현재

그림 2-24 체인 분기 시의 체인 선택 방법

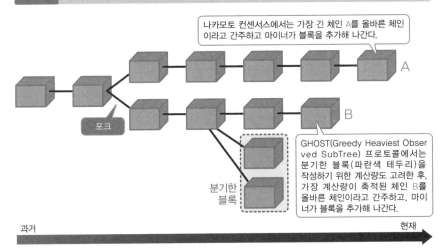

나카모토 컨센서스에서는 가장 긴 체인 A를 올바른 체인이라고 간주하고 마이너가 블록을 추가해 나간다.

A

포크

B

분기한 블록

GHOST(Greedy Heaviest Observed SubTree) 프로토콜에서는 분기한 블록(파란색 테두리)을 작성하기 위한 계산량도 고려한 후, 가장 계산량이 축적된 체인 B를 올바른 체인이라고 간주하고, 마이너가 블록을 추가해 나간다.

과거

현재

Point

✔ PoW에서는 노드는 블록 작성 권리를 획득하기 위해 마이닝이라는 일정한 난이도의 계산 문제를 푸는 작업이 필요하다.

✔ 포크가 발생한 경우, 나카모토 컨센서스나 GHOST 프로토콜에 따라 정식 체인이 결정된다.

≫ PoS의 구조

PoW의 문제점과 PoS의 등장

PoW는 블록 작성을 위한 계산량이 많아 트랜잭션 처리 속도가 느리다는 문제가 있습니다. 또한, 계산에 대량의 전력을 사용하여 환경에 대한 부하도 문제시되고 있습니다. 이러한 문제를 해결하는 PoS라는 컨센서스 알고리즘이 등장했습니다.

PoS는 Proof of Stake의 약어입니다. PoW에서는 노드가 보유하는 계산 파워가 클수록 블록을 작성하는 권리를 얻을 확률이 높았던 것에 비해, **PoS에서는 보유하고 있는 암호 화폐의 양이나 보유 기간의 길이에 따라 그 확률이 높아지는 구조로 되어 있습니다.** PoW와 비교해서 블록 작성에 큰 계산량은 필요 없고, 환경에 대한 부하도 적어졌습니다.

PoS에서는 **사전에 정해진 양의 통화를 맡김**으로써, 블록 작성의 권리 보유 후보자인 **밸리데이터**의 일원이 될 수 있습니다(그림 2-25). 이 「통화를 맡기는 것」을 **스테이킹**이라고 합니다. 블록을 작성한 밸리데이터는 **스테이킹 보수**라는 보수(이더리움의 경우는 이더)를 얻을 수 있습니다.

이더리움에서의 PoS

이더리움에서는 이더리움 2.0이라는 버전으로의 업그레이드가 진행되었습니다. 그 일환으로 2022년 9월 15일에 PoW에서 PoS로 이행했습니다.

이더리움의 경우, 밸리데이터가 되려면 32ETH 이상을 스테이킹해야 합니다. 밸리데이터 중에서 매번 랜덤으로 블록의 작성자가 선정되고, 나머지 밸리데이터는 작성된 블록의 정당성을 검증합니다. 그 후, 검증 결과에 관한 투표를 하고, 일정 수의 투표 결과 정당성이 인정되면 그 블록은 체인에 추가됩니다.

밸리데이터는 보수를 얻을 수 있는 가능성이 있는 한편, 네트워크의 건전성을 해치는 행위를 하면 맡긴 이더가 몰수되어 버립니다(그림 2-26).

그림 2-25 PoW와 PoS의 비교

	Proof of Work	Proof of Stake
개요	「난스」라는 값을 최초로 찾은 노드가 블록을 작성할 권리를 획득한다.	통화의 보유량과 보유 기간에 따라 블록을 작성할 수 있는 권리가 결정된다.
블록 작성 간격	비트코인: 10분 이더리움: 수 십 초	수 초~수 십 초
블록 작성자	마이너	밸리데이터
채용 블록체인	비트코인, 2022년 9월 15일 이전의 이더리움 등	2022년 9월 15일 이후의 이더리움, 솔라나, 카르다노, 폴카닷 등

그림 2-26 스테이킹과 스테이킹 보수

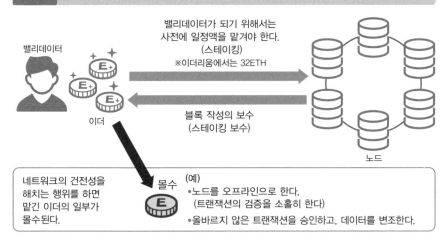

밸리데이터

밸리데이터가 되기 위해서는 사전에 일정액을 맡겨야 한다. (스테이킹)
※이더리움에서는 32ETH

블록 작성의 보수
(스테이킹 보수)

이더

노드

네트워크의 건전성을 해치는 행위를 하면 맡긴 이더의 일부가 몰수된다.

몰수

(예)
•노드를 오프라인으로 한다.
 (트랜잭션의 검증을 소홀히 한다)
•올바르지 않은 트랜잭션을 승인하고, 데이터를 변조한다.

Point

✔ PoS에서는 보유하고 있는 암호 화폐의 양이나 보유 기간의 길이에 따라 블록을 작성할 수 있는 확률이 높아진다.

✔ 사전에 일정 금액을 스테이킹함으로써 밸리데이터의 일원이 된다.

✔ 이더리움에서는 밸리데이터 안에서 랜덤으로 블록 작성자가 선택된다.

≫ 블록체인의 파이널리티

파이널리티란?

파이널리티란 금융업계의 용어로 「**결제가 완료되고, 취소할 수 없는 상태**」를 의미하며 결제 완료성이라고도 합니다. 파이널리티가 있는 결제를 「그로 인해 기대만큼의 금액을 확실히 얻을 수 있는 결제」라고 표현하고 있습니다.

체인의 포크와 파이널리티

퍼블릭 블록체인에서도 파이널리티가 종종 문제로 꼽힙니다. 이것은 퍼블릭 블록체인의 상당수가 확률적인 파이널리티를 실현하고 있기 때문입니다.

비트코인이나 이전의 이더리움 등 PoW를 채용한 블록체인에서 포크가 발생한 경우, 2-12 절에서 소개한 구조에 의해 정식 체인이 선택됩니다. 그러나 일단 정식 체인이 선정되더라도 나중에 다른 체인이 정식으로 다시 선택되어, 그 결과로써 지금까지의 블록 내용이 뒤집힐 수 있습니다.

그 확률은 시간의 경과와 함께 0으로 수렴하는 구조로 되어 있는데, 0으로는 되지 않습니다. 따라서 **자신이 송신한 트랜잭션이 포함되어 있는 블록의 후속으로 블록이 6개 작성된 것으로 트랜잭션이 확정되었다고 간주하는 것이 일반적입니다**(그림 2-27).

PoS로 이행한 이더리움에서는 네트워크가 정상인 한 포크가 일어나지 않는 구조로 되어 있으나, 포크가 일어난 경우는 GHOST 프로토콜을 개량한 **LMD-GHOST**(Latest Message Driven GHOST)에 따라 체인 선택을 실시합니다.

또한, 블록에 일정 간격으로 체크 포인트를 마련하고, 밸리데이터 투표로 정당성이 인정되면 체크 포인트보다 전의 블록은 확정한 것으로 간주하는 구조로 되어 있습니다(그림 2-28). **일정 조건은 있지만, PoW를 채용했을 때보다 강한 파이널리티를 실현하고 있습니다.**

그림 2-27   PoW를 채용한 블록체인의 파이널리티

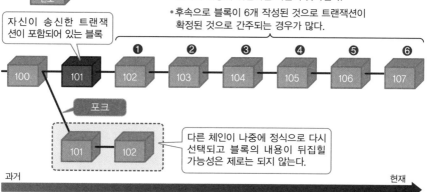

〈범례〉

블록
번호 → 블록

자신이 송신한 트랜잭션이 포함되어 있는 블록

• 후속으로 이어지는 블록의 수가 많아질수록 과거 블록의 내용이 뒤집어질 확률이 낮아진다.
• 후속으로 블록이 6개 작성된 것으로 트랜잭션이 확정된 것으로 간주되는 경우가 많다.

❶ ❷ ❸ ❹ ❺ ❻

100 101 102 103 104 105 106 107

포크

101 102

다른 체인이 나중에 정식으로 다시 선택되고 블록의 내용이 뒤집힐 가능성은 제로는 되지 않는다.

과거   현재

그림 2-28   PoS로 이행 후 이더리움의 파이널리티

32개분의 블록이 만들어지는 기간을 에포크(epoch)라고 한다.

밸리데이터 투표에 의해 최신 에포크보다 2개 전의 에포크의 블록이 확정(finalized)된 것으로 간주된다.

에포크1   에포크2   에포크3

1 → 2 → … 32 → 33 → 34 → … 64 → 65 → 66

체크 포인트

각 에포크의 맨 앞의 블록을 체크 포인트라고 한다.

체크 포인트

체크 포인트

과거   현재

Point

✔ 파이널리티는 「결제가 완료되고, 취소할 수 없는 상태」를 의미한다.

✔ 비트코인이나 PoW를 채용하던 때의 이더리움에서는 후속으로 블록이 6개 작성된 것으로 결제가 확정되었다고 간주하는 것이 일반적이다.

✔ PoS로 이행한 이더리움에서는 일정 조건 하에 PoW를 채용하던 때보다도 강한 파이널리티를 실현하고 있다.

≫ 블록체인과 스마트 계약

스마트 계약이란?

스마트 계약은 1990년대에 계산기 과학자 닉 사보이가 제창한 「거래에 있어서의 계약의 자동화」를 실시하는 구조를 가리키는 개념입니다.

예를 들어 이해하기 쉬운 것이 자동판매기입니다. 자동판매기에서 상품을 구입하기 위한 조건은 「금액 투입」과 「상품 선택」이며, 이 두 가지 조건이 충족되면 자동으로 계약이 성립되고 상품을 손에 넣을 수 있습니다. 이러한 자동판매기에서는 중개자 없이 상품의 매매에 관한 계약이 자동으로 행해지고 있다고 생각할 수 있습니다(그림 2-29).

블록체인에서의 스마트 계약

블록체인에서의 스마트 계약은 트랜잭션을 트리거로 해서 실행되는 블록체인 상의 프로그램을 가리킵니다. 스마트 계약을 이용하여 구축된 애플리케이션을 **Dapps**(Decentralized appplications, 분산형 애플리케이션)라고 합니다. 이더리움상에서 발행되는 NFT를 비롯한 다양한 토큰은 스마트 계약 구조로 실현되고 있습니다.

단, 모든 블록체인이 스마트 계약을 대응하고 있는 것은 아닙니다. 예를 들어 비트코인에는 스마트 계약은 존재하지 않습니다. 한편 이더리움 이후에 탄생한 많은 블록체인에서는 스마트 계약을 처리할 수 있습니다.

스마트 계약을 사용함으로써 관리자나 중개자의 존재 없이 임의의 처리를 자동으로 실행할 수 있습니다(그림 2-30). 스마트 계약의 실행 결과는 블록체인에 기록되어 누구나 참조할 수 있습니다. 한편 **스마트 계약은 코드의 설계가 어렵고, 코드의 취약성을 노린 공격도 종종 발생하고 있습니다.** 과거에는 취약성을 노린 공격에 의해 많은 액수의 자산이 도난당하는 사건이 발생한 적이 있습니다.

그림 2-29　스마트 계약의 친숙한 예

친숙한 스마트 계약 ＝자동판매기

다음 2개가 충족됐을
때, 돈과 교환으로
상품을 제공한다.

- 돈이 투입되었다.
- 상품이 선택되었다.

- 돈을 투입한다.
- 상품을 선택한다.

- 돈을 획득한다.
- 상품을 제공한다.

계약 조건의 사전 정의	이벤트 발생	계약의 자동

그림 2-30　기존의 거래와 스마트 계약을 이용한 거래의 차이

기존의 거래

서로 모르는 사람끼리 안전하게
거래를 행하기 위해서는
신뢰할 수 있는 중개자가 필요하다.

중개자

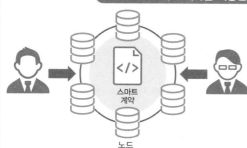

스마트 계약을 이용한 거래

서로 모르는 사람끼리도
스마트 계약을 이용하면
사전에 설정된 조건에 따라
관리자나 중개자의 존재 없이
거래를 할 수 있다.

스마트
계약

노드

Point

✔ 스마트 계약을 사용함으로써 관리자나 중개자의 존재 없이 임의의 처리를 자동으로 실행할 수 있다.

✔ 스마트 계약은 코드 설계가 어렵고 코드의 취약성을 노린 공격이 발생하기도 한다.

》 토큰의 분류

블록체인에서의 토큰 //

스마트 계약의 유스케이스로 많은 것이 NFT를 비롯한 **토큰**이라는 것입니다. 토큰을 발행하는 것을 **민트**(mint), 발행량을 줄이는 것은 **번**(burn)이라고 합니다(그림 2-31).

토큰의 분류 방법 //

토큰에는 다양한 종류가 존재하고, 그 명확한 분류 방법은 없지만, **대체 가능 여부**에 따라 크게 2가지 유형으로 분류할 수 있습니다(그림 2-32).

- ◆ **논펀지블 토큰**(NFT): 예를 들어 한 화가의 친필 그림과 같은 유일무이하고 「대체 불가능한」 것을 나타내는 토큰입니다.
- ◆ **펀지블 토큰**(FT): NFT와 대조적으로 통화와 같은 「대체 가능한」 것을 나타내는 토큰입니다.

또한 펀지블 토큰은 주로 다음과 같은 종류로 분류할 수 있습니다.

- ◆ 암호 화폐: 전자적으로 기록된 재산적 가치를 말합니다. 암호 화폐 중에도 이더리움의 이더 등, 블록체인 고유의 것은 네이티브 토큰이라고 불러 구별하기도 합니다.
- ◆ 보안 토큰: 부동산을 비롯한 현물 자산이나 주식, 채권 등의 유가 증권을 토큰으로 디지털화한 것입니다.
- ◆ 유틸리티 토큰: 어떤 서비스를 이용할 때 사용하는 토큰입니다. 서비스를 이용하기 위한 권리를 나타냅니다.
- ◆ 거버넌스 토큰: DAO라고 하는 조직 내의 의사 결정에 사용되는 토큰입니다(자세한 것은 5-12 절 참조).

이 밖에도 다양한 종류의 토큰이 발행되어 유통되고 있습니다.

그림 2-31 토큰의 발행과 유통

그림 2-32 다양한 종류의 토큰

※유틸리티 토큰은 용도에 따라서는 NFT로 분류될 수도 있다.
※토큰에는 다양한 분류 방법이 있기 때문에 반드시 이렇게 분류할 수 있는 것은 아니다.

Point

✔ 토큰을 발행하는 것을 민트, 발행량을 줄이는 것을 번이라고 한다.

✔ 토큰에는 다양한 종류가 존재하며, 토큰은 대체 가능 여부로 크게 펀지블 토큰과 논펀지블 토큰으로 분류된다.

» ERC와 토큰

이더리움의 개선을 위한 활동과 ERC

이더리움 커뮤니티에서는 이더리움을 개선하기 위해 다양한 논의가 공개적으로 이루어지고 있습니다. 논의에서 나온 개선 제안은 EIP(Ethereum Improvement Proposal)라고 하며, 몇 가지 카테고리로 나뉩니다(그림 2-33). 그 안에는 ERC(Ethereum Request for Comments)라는 카테고리가 있으며, **ERC 안에서 토큰에 관한 규격이 정해집니다. 이 규격에 따른 스마트 계약을 개발하면 월렛이나 마켓플레이스 등, 여러 서비스 간에 호환성이 있는 토큰을 작성할 수 있습니다.** 예를 들어, 한 마켓플레이스에서 구입한 NFT를 다른 마켓플레이스에 판매하는 것 등이 가능해집니다.

대표적인 토큰 규격

ERC에는 토큰에 관한 규격이 몇 가지 존재하는데, 여기에서는 자주 사용되는 대표적인 규격에 대해서 소개합니다(그림 2-34).

- ◆ ERC-20: 펀지블 토큰에 관한 규격입니다. 자체 암호 화폐를 발행하고 싶은 경우에 많이 사용됩니다.
- ◆ ERC-721: 논펀지블 토큰(NFT)에 관한 규격입니다. **이더리움에서의 NFT의 대부분은 이 규격에 따라 발행되고 있습니다.** ERC-721에서는 토큰 하나하나에 토큰 ID라는 ID를 부여할 수 있으며 토큰을 식별할 수 있습니다.

이 밖에도 **ERC-1155**라는 ERC-20과 ERC-721 양쪽의 특징을 가진 규격도 존재합니다. ERC-1155는 NFT를 더욱 효율적으로 다룰 수 있으며, ERC-721을 대신하여 ERC-1155의 이용도 증가하고 있으나, 마켓플레이스에 따라서는 ERC-1155를 지원하지 않을 수도 있습니다.

그림 2-33 다양한 EIP

세계의 개발자들이
다양한 논의를 진행
하고 있다.

EIP

ERC	Core
스마트 계약 등 애플리케이션에 관한 제안	이더리움의 핵심 기능에 관한 제안
Networking	
이더리움의 네트워크 기능에 관한 제안	...

EIP에서의 논의는 몇 가지 카테고리로 나뉜다.

그림 2-34 ERC-20과 ERC-721의 비교

	펀지블 토큰	논펀지블 토큰
특징	대체가능	대체불가능
ERC의 규격	ERC-20	ERC-721
스마트 계약으로 관리하고 있는 데이터의 구조	토큰 소유자와 그 수량을 기록하고 있다.	토큰마다 그 소유자를 기록하고 있다.

어드레스(소유자)	수량
0xf9f057a50870c776Ab···	20
0x943a4Fa8b29f524c50···	150
0x3283Fb9E4D654aefbE···	80
0xf003F9184Ea70C170A···	300
···	···

토큰	어드레스(소유자)
1	0xf9f057a50870c776Ab···
2	0x943a4Fa8b29f524c50···
3	0x3283Fb9E4D654aefbE···
4	0xf003F9184Ea70C170A···
···	···

Point

✔ 이더리움에는 토큰에 관한 규격이 존재한다.

✔ 규격을 준수하여 여러 서비스에 대응한 토큰을 발행할 수 있다.

✔ ERC-721은 이더리움에서 NFT를 발행할 때 많이 사용되는 규격이다.

≫ NFT와 데이터의 연결

NFT가 나타내는 데이터의 저장 위치

대부분의 경우, 디지털 아트와 같은 NFT가 나타내는 데이터는 블록체인 외부에 저장되며, **NFT에는 저장 위치에 관한 정보(URI)만이 기록되어 있습니다.** 이것은 블록체인에 저장하는 데이터의 크기가 클수록 수수료가 높아지기 때문에 수수료를 낮추기 위한 목적입니다.

많이 있는 패턴이 ERC-721 내의 tokenURI라는 항목에 데이터의 내용을 설명하는 메타데이터라는 데이터 저장 위치를 나타내고, 또 그 메타데이터 내에서 실제 데이터의 위치를 나타내는 패턴입니다. 블록체인 외의 데이터 저장 위치로 자주 사용되는 것이 분산 스토리지의 일종인 **IPFS**(InterPlanetary File System)입니다(그림 2-35).

IPFS 구조

IPFS는 미국의 Protocol Labs사에서 개발 중인 분산형의 파일 시스템입니다. IPFS에서는 데이터를 청크(chunk)라는 덩어리로 분할하여 여러 서버에 분산시켜 관리합니다(그림 2-36).

IPFS의 특징은 **콘텐츠 지향**을 들 수 있습니다. 데이터를 저장할 때 **같은 내용의 데이터면 같은 ID가 부여되는 구조**로 되어 있으며, 조금이라도 데이터의 내용이 다르면 다른 ID가 부여되기 때문에 한 번 저장한 데이터를 변조할 수 없는 구조입니다.

IPFS와 NFT

블록체인 내에 기록된 데이터는 변조할 수 없지만, 블록체인 밖에 있는 데이터는 변조될 수 있습니다. 또한, 그 데이터를 저장하고 있는 스토리지가 서비스 정지 등으로 사용할 수 없게 되면 데이터를 참조할 수 없게 됩니다. NFT에서는 데이터의 변조 및 소실 위험을 줄이기 위해 대부분의 경우 IPFS 등의 분산 스토리지가 이용됩니다.

그림 2-35 ERC-721의 데이터 구조와 콘텐츠의 저장 위치

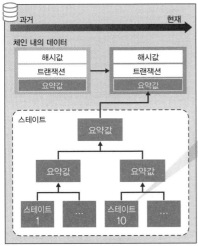

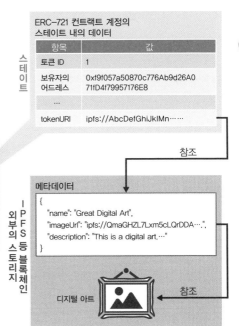

노드가 관리하는 데이터

그림 2-36 IPFS를 사용한 데이터의 저장

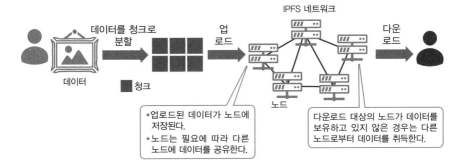

Point

✔ 대부분의 경우, NFT에는 디지털 아트 등의 NFT가 나타내는 데이터 저장 위치에 관한 정보(URI)만이 기록되고 데이터는 IPFS에 저장되어 있다.

✔ IPFS는 같은 데이터이면 같은 ID가 부여되는 콘텐츠 지향의 분산 스토리지이다.

》 이더리움 이외의 블록체인

NTF는 어디에서 발행되는가?

NFT는 대부분이 이더리움에서 발행되고 있습니다. 그러나 **NFT를 발행할 수 있는 블록체인은 이더리움만은 아닙니다.** 또한, NFT 마켓플레이스마다 어떤 블록체인에서 발행된 NFT를 취급하고 있는지도 다릅니다(그림 2-37).

이더리움 이외의 블록체인

NFT가 발행되고 있는 주요 블록체인은 다음과 같습니다(그림 2-38).

◆ **플로우(Flow):** 캐나다의 Dapper Labs사가 개발한 블록체인입니다. 이 회사는 2017년에
『CryptoKitties』라는 NFT를 이용한 게임을 개발한 것으로 유명하며, **트레이딩 카드 NFT인
『NBA TOP Shot』 발행으로도 유명합니다.**

◆ **클레이튼(Klaytn):** 국내 Kakao의 자회사 Ground X사가 개발한 블록체인입니다. Krafter
Space라는 NFT의 제작과 관리할 수 있는 서비스로 손쉽게 NFT를 발행하는 구조가 갖추
어져 있습니다.

◆ **테조스(Tezos):** 스위스의 Tezos Foundation이라는 NPO가 활동을 지원하는 블록체인입
니다. 에너지 효율이 높고 전력 소비량이 적은 특징이 있습니다. 친환경성에 주목하여 미국
의 Gap사가 NFT 발행을 위해 테조스를 선택한 것으로 알려져 있습니다.

◆ **솔라나(Solana):** 스위스의 Solana Foundation이라는 NPO가 활동을 지원하는 블록체인
입니다. PoH(Proof of History)라는 독자적인 구조로 인해 다른 블록체인에 비해 높은 트랜
잭션 처리 성능을 실현하고 있습니다. 스니커즈를 상징하는 NFT를 사용한 게임 『STEPN』
이 그 서비스를 시작한 블록체인으로 유명합니다.

이 밖에도 다양한 블록체인에서 NFT가 발행되고 있습니다.

그림 2-37   NFT 마켓플레이스와 블록체인

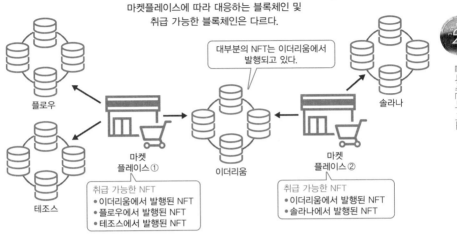

마켓플레이스에 따라 대응하는 블록체인 및
취급 가능한 블록체인은 다르다.

대부분의 NFT는 이더리움에서
발행되고 있다.

플로우

솔라나

마켓
플레이스①

이더리움

마켓
플레이스②

테조스

취급 가능한 NFT
• 이더리움에서 발행된 NFT
• 플로우에서 발행된 NFT
• 테조스에서 발행된 NFT

취급 가능한 NFT
• 이더리움에서 발행된 NFT
• 솔라나에서 발행된 NFT

그림 2-38   다양한 블록체인

명칭	플로우	클레이튼	테조스	솔라나
영어 표기	Flow	Klaytn	Tezos	Solana
암호 화폐(명칭)	FLOW	KLAY	XTZ	SOL
개발원(개발 지원 조직)	Dapper Labs	Ground X	Tezos Foundation	Solana Foundation
네트워크 가동 시작 연도 (일반 공개 시작 연도)	2019년	2019년	2018년	2020년
컨센서스 알고리즘	PoS	Istanbul BFT※	PoS	PoS
개발 언어	Go	Go	OCaml	Rust
주요 마켓플레이스	OpenSea Rarible BloctoBay	OpenSea Klubs tofuNFT	Rarible objkt.com fxhash	OpenSea Magic Eden Solanart

※ Istanbul BFT: 한정된 노드만이 합의제로 블록을 작성하는 컨센서스 알고리즘

Point

✔ NFT가 발행되고 있는 블록체인은 이더리움뿐만 아니라 다양한 블록체인이 존재한다.

✔ NFT 마켓플레이스마다 어떤 블록체인에서 발행된 NFT를 취급하고 있는지는 다르다.

✔ 플로우는 트레이딩카드 NFT인 『NBA Top Shot』이 발행되는 것으로 유명

≫ 블록체인과 오라클

블록체인 안팎의 데이터를 연결하는 오라클 //

오라클이란 블록체인 외부(**오프체인**)의 데이터를 블록체인 내부(**온체인**)에 제공하는 구조(및 그 주체)입니다. 스마트 계약을 이용하는 Dapps도 일반 시스템과 마찬가지로 외부에서 입력된 데이터를 필요로 합니다. 이때 온체인 데이터의 변조가 어려운 반면, 오프체인 데이터가 올바른지는 보증되지 않기 때문에 오라클이 사용됩니다.

예를 들어, NFT 게임에서 랜덤으로 캐릭터의 희귀성이나 디자인을 정하고 싶은 경우, 오프체인에서 오라클을 통해 온체인에 난수값을 입력하기도 합니다. NFT 이외에도 통화 환율이나 자산 평가액, 이벤트의 유무 등 다양한 데이터를 제공하는 오라클이 있습니다(그림 2-39).

오라클의 중요성과 부정 대책 //

스마트 계약에서 보면 공개키를 검증하는 등의 방법으로 오라클이 본인인 것은 확인할 수 있습니다. 그러나 제공된 데이터 내용이 올바른지까지는 알 수 없습니다. **오라클은 Dapps로부터 일방적으로 신뢰를 받는 존재이기 때문에 부정을 방지하는 대책이 필요합니다.**

대책이 없는 경우, 오라클은 어떤 부정을 행할 수 있을까요? 예를 들어, NFT 게임에서는 자신의 NFT 캐릭터나 아이템을 작성할 때 희귀성이 높아지도록 난수 데이터를 입력할 수 있습니다. 더욱 영향이 큰 유스케이스를 생각해 봅시다. 금융의 유스케이스에서는 어떤 담보 자산에 대해 낮은 평가액을 제공함으로써 자산 가격을 폭락시켜, 자신에게 유리한 타이밍에 사들이거나 고의로 시장을 파괴할 수도 있습니다.

오라클은 큰 영향력을 갖고 있기 때문에, 각 오라클은 내부 부정을 방기 위해서 제공자의 분산 및 시스템 대응 등의 대책을 강구하고 있습니다(그림 2-40).

그림 2-39 **오라클의 역할과 온체인 · 오프라인**

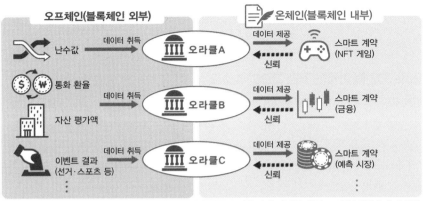

- 각 스마트 계약은 각 오라클에서 제공된 오프체인 정보를 이용하여 처리를 행하고, 블록체인상에 온체인 데이터로 기록된다.
- 오라클은 정보원 그 자체가 아니라 외부 정보를 검증하고, 블록체인으로 중개하는 레이어이다.

그림 2-40 **오라클의 상세한 내용(임차용 계약을 예로)**

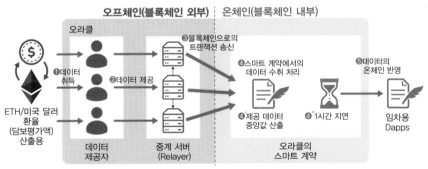

- ❶❷데이터의 취득 · 제공은 커뮤니티에 의해 선택된 여러 개의 주체가 행한다.
- ❷❸데이터 제공자 및 트랜잭션 중계 서버는 단일 장애점 배제를 위해 다중화되어 있다.
- ❹❺온체인 수취 시에 데이터의 중앙값을 사용하거나 데이터 반영까지 지연을 두는 등의 이상값 · 부정값이 제공된 경우의 대책이 마련되어 있다.
- 본 그림의 중앙값이나 지연을 이용한 대책은 일례로, 각 오라클에 따라 다른 접근 방식의 부정 대책이 취해지고 있다.

Point

✔ 오프체인 데이터를 온체인에 제공하는 구조가 오라클

✔ 오라클은 Dapps에서 볼 때 신뢰되는 중요한 역할이기 때문에 오라클 측에 부정 대책 등의 보안이 요구된다.

≫ 사이드체인에 의한 스케일링

사이드체인을 이용한 거래 고속화 수수료 삭감 //

비트코인 등의 주요 블록체인(**메인체인**)에서는 트랜잭션 처리에 고액의 마이너 수수료 및 오랜 시간이 소요되기 때문에 암호 화폐나 보안 토큰, NFT 등의 소액 거래나 고속 거래의 결제에 적합하지 않습니다. 그래서 메인체인상의 자산을 따로 준비한 소규모 블록체인(**사이드체인**)으로 이동시킨 후에 거래를 행함으로써 **수수료의 절감 및 시간 단축**을 합니다. 이 구조를 사이드체인 스케일링이라고 합니다.

당초에는 메인체인에서 사이드체인상으로 자산을 한 방향으로 이동하는 One-way Peg로부터 고안되어, **최근에는 메인체인과 사이드체인상의 자산을 쌍방향으로 이동하는 Two-way Peg가 주류를 이루고 있습니다(그림 2-41)**.

사이드체인에는 블록 작성자의 수가 메인체인에 비해 적고, 컨센서스 알고리즘이 다르다는 이유로 메인체인과 같은 레벨의 비중앙집권성·보안이 되지 않을 수도 있습니다.

사이드체인의 사례 ///

비트코인에서의 사이드체인 사례로 미국 Block Stream사의 Liquid가 있습니다. 메인체인인 비트코인 측의 개선이 필요하기 때문에 현재 가동되고 있는 Liquid에서는 기술적 제약으로 인해 15개의 기업이 관리자가 되어 Two-way Peg를 실현하고 있습니다(그림 2-42).

이더리움 사이드체인의 사례로 Gnosis Chain(구 xDai)과 Polygon Pos가 있습니다. 이들은 이더리움 1.0이 컨센서스 알고리즘에 PoW를 사용하고 있는 반면, 한정된 밸리데이터로 PoS 알고리즘을 운영함으로써 이더리움 메인체인보다 고속의 거래를 실현하고 있습니다.

그림 2-41 | 사이드체인의 개념도

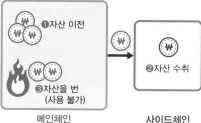

One-way Peg

① 자산 이전
③ 자산을 번
(사용 불가)
② 자산 수취

메인체인　　　　　　사이드체인

메인체인에서 사이드체인으로 일방 통행

Two-way Peg

① 자산 이전
④ 자산 수취
② 자산 수취
③ 자산 이전

메인체인　　　　　　사이드체인

• 메인체인과 사이드체인의 쌍방향
• 메인체인에도 개선이 들어가기 때문에 구현 난이도가 높다.

• 사이드체인은 메인체인과 다른 컨센서스 알고리즘 및 블록 크기를 채용하는 등의 방법에 따라 메인체인보다도 거래 속도가 빠르고, 수수료도 저렴하게 설정되어 있다.
• 사이드체인의 참가자 규모는 작기 때문에 메인체인과 같은 레벨의 보안이 되지는 않는다.

그림 2-42 | BlockStream사의 Liquid 구조

Liquid(비트코인계 사이드체인 중 하나)

사용자

Bitcoin 네트워크

❶ Bitcoin 네트워크에서 Federation의 멀티시그 어드레스에 BTC를 송금 (잠금)

멀티시그 어드레스:
여러 사람의 비밀키가 없으면
자산을 꺼낼 수 없는 어드레스

Liquid Federation
(15개의 기업 연합)

Liquid 네트워크

❷ Liquid 네트워크의 사용자 어드레스에 대해 같은 양의 L-BTC가 발행된다.

• 사용자는 BTC를 Liquid Federation에 송금함으로써 Liquid 네트워크상에서 같은 양의 L-BTC를 받는다.
• Liquid 네트워크는 파이널리티가 2분 동안(고정)에 확정된다. 비트코인은 약 60분(변동)

Point

✔ 메인체인상의 자산을 다른 체인으로 이행·처리함으로써 수수료의 삭감 및 블록 작성 시간의 단축을 행하는 것을 사이드체인이라고 한다.

✔ 사이드체인은 메인체인으로부터의 단방향에서 양방향으로 자산을 이전할 수 있게 발전했다(Two-way Peg)

✔ 현재, 사이드체인은 블록 작성자가 적은 경우가 많아 메인체인과 비교하면 다소 중앙집권적이고 낮은 보안이다.

≫ 크로스체인이란?

다른 블록체인을 연결하는 크로스체인 ////////////////////////////////////

과거에는 블록체인 간에 데이터를 이동하는 기능 · 성질(**상호운용성**, Interoperability)이 없었습니다. 그래서 다른 블록체인상의 자산을 교환하거나 Dapps의 데이터를 이동하기 위해 **크로스체인**(브리지)이라는 **여러 개의 블록체인 간에 같은 정보 및 자산을 다룰 수 있게 하는 구조**가 생겨났습니다(그림 2-43).

크로스체인의 종류 //

크로스체인은 상호 운용성을 초래하는 구조의 총칭이기 때문에 다양한 구현이 제안 · 실현되고 있습니다. 현재도 발전 중이므로 명확한 분류는 없지만, 일례로 다음 3가지 유형의 크로스체인을 소개합니다(그림 2-44).

- ◆ **아토믹 스와프형**: 비트코인계의 체인을 중심으로 발전하여, 블록체인 간에서의 자산 주고받기를 놓치지 않도록 쌍방의 전자서명으로 담보한 방법입니다. 거래 당사자끼리만 거래할 수 있는 장점이 있는 반면, 같은 암호 알고리즘의 블록체인 간에만 사용할 수 있다는 약점이 있습니다.
- ◆ **릴레이 체인형**: 블록체인 간에 중계역이 되는 노드나 블록체인을 준비하는 것입니다. 최근 발전 경향에 있는 반면, 중계역을 노리는 공격 사건 등도 보도되고 있습니다.
- ◆ **랩드 토큰형**: 한쪽 블록체인상에서 잠근 자산과 같은 금액의 자산을 다른 한쪽의 블록체인 상에 발행하는 것입니다. 사용하기 편리한 반면, 커스터디언(custodian, 보관자)을 관리자로 신뢰해야 합니다.

그림 2-43　크로스체인의 개념

크로스체인 이전

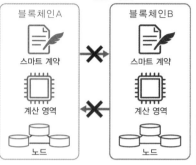

각 블록체인은 사양이 다르기 때문에 앱 레이어(스마트 계약)와 인프라 레이어(계산 영역)는 밀결합 상태로 되어 있으며, 다른 블록체인의 데이터는 다룰 수 없다.

크로스체인

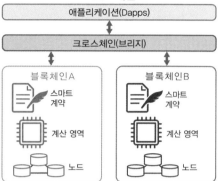

애플리케이션(Dapps)

크로스체인(브리지)

애플리케이션의 구현과 블록체인을 크로스체인(브리지)을 매개로 약결합함으로써, 여러 개의 체인 데이터로 접근할 수 있게 한다.

그림 2-44　크로스체인의 예

아토믹 스와이프형

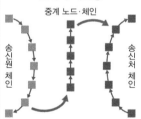

멀티시그 어드레스 (체인 A)

멀티시그 어드레스 (체인 B)

- 각각 체인의 멀티시그 어드레스 (여러 사람의 서명이 없으면 꺼낼 수 없는 어드레스)에 코인을 잠금으로써, 쌍방이 놓칠 일 없이 주고받을 수 있게 하는 방법
- 같은 암호 알고리즘을 사용하는 블록체인끼리만 사용할 수 있다.

릴레이 체인형

중계 노드·체인

송신원 체인

송신처 체인

- 송신원 체인과 송신처 체인 사이에 중계역이 되는 노드나 블록체인을 사용하는 방법
- 송신처의 체인에서 송신원의 트랜잭션이 올바른지 검증 가능한 경우가 많지만, 중계 장소의 보안은 프로젝트마다 다양하며, 공격 피해도 보도되고 있다.

랩드 토큰형

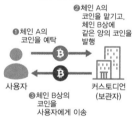

❶체인 A의 코인을 예탁

❷체인 A의 코인을 맡기고, 체인 B상에 같은 양의 코인을 발행

❸체인 B상의 코인을 사용자에게 이송

사용자

커스토디언 (보관자)

- 사용자가 가진 코인 A를 커스토디언이 맡아, 다른 체인상에 같은 양의 코인 B를 발행하는 방법
- 커스토디언이 코인 A를 갖고 도망친 경우, 담보 장치가 없어져 B의 가치가 떨어질 가능성이 있기 때문에 커스토디언을 신뢰해야 한다.

Point

✔ 다른 블록체인 간의 상호 운용성을 초래하는 구조가 크로스체인

✔ 크로스 체인은 상호 운용성을 초래하는 구조의 총칭이므로 다종다양한 구현이 제안·실현되고 있다.

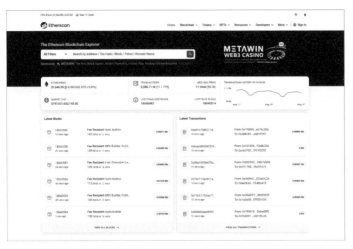

이더 스캔의 톱 페이지(URL:https://etherscan.io/

이 장에서는 NFT를 지탱하는 블록체인 기술 중에서도 특히 이더리움을 중심으로 그 구조를 설명했습니다. 2-4 절에서 설명했듯이 이더리움은 퍼블릭 블록체인이며, 누구나 트랜잭션의 내용을 볼 수 있습니다.

이더 스캔(Etherscan)은 블록체인 익스플로러라는 블록체인의 데이터를 볼 수 있는 서비스 중 하나입니다. 이더 스캔을 사용하면 이더리움으로 작성된 블록이나 블록에 포함된 트랜잭션 정보, 토큰을 비롯한 스마트 계약의 정보, 계정이 보유하는 이더 및 토큰의 잔액 등, 이더리움과 관련된 다양한 데이터를 웹페이지에서 참조할 수 있습니다.

이더 스캔으로 NFT의 정보를 살펴보자

이더 스캔에는 NFT에 관한 페이지도 준비되어 있습니다. 「Non-Fungible Token Tracker」(https://etherscan.io/tokens-nft)의 페이지에서는 주요 NFT의 거래량을 랭킹 형식으로 볼 수 있습니다. 또 그 페이지에서 각각의 거래 내용(NFT의 이전원이나 이전처의 어드레스, 거래 가격, 트랜잭션 수수료 등)이나 NFT 보유자 등의 정보도 확인할 수 있습니다.

이더리움에서는 다양한 플랫폼으로부터 여러 NFT가 발행되고 있습니다. 이더 스캔을 사용하여 다양한 NFT 정보를 살펴봅시다.

블록체인의 기술적 과제

지금의 과제와 대처를 알아본다

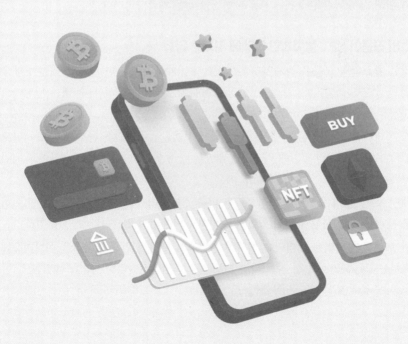

≫ 스케일러빌리티의 문제와 가스비의 급등

NFT 인기가 일으킨 가스비의 급등

2-10 절에서 설명한 대로 이더리움에서는 트랜잭션을 실행하기 위해 수수료가 필요합니다. 이 수수료는 **가스비**라고 불립니다.

최근, 특히 게임 등의 NFT 발매 타이밍과 함께 단시간이긴 하지만 급격히 가스비가 급등하게 되었습니다. 이것은 NFT를 구입하기 위한 트랜잭션의 증가로 블록에 설정되는 BaseFee의 상승에 더해서 팁으로 지불하는 Priority Fee를 높게 설정함으로써 다른 사용자 트랜잭션보다 빠르게 자신의 트랜잭션이 처리되도록 하는 사용자가 늘어나기 때문입니다. 가스비가 급등하면 다른 사용자는 자신이 설정한 Priority Fee에 들어갈 때까지 가스비가 내려가길 기다리거나 자신의 트랜잭션 우선도를 높이기 위해 더욱 높은 Priority Fee로 변경할 것을 재촉당합니다.

가스비 급등이 NFT 블록체인 업계에 가져온 영향

이러한 가스비의 급등은 스케일러빌리티(확장성)때문에 발생한 문제라 해결이 매우 어렵고, 스케일러빌리티, 보안, 분산성은 동시에 2개밖에 달성할 수 없는 딜레마로 여겨지고 있습니다(그림 3-2).

먼저 이더리움 그 자체를 업데이트하는 것을 고려할 수 있으나, 난도가 높고 시간도 걸립니다(2022년 9월 15일에 약 5년의 개발을 거쳐 이더리움 2.0으로 업데이트 되었습니다).

그래서 NFT 등의 용도에 특화함으로써 **더욱 스케일러빌리티가 높은 블록체인(이더리움 킬러)을 개발하는 흐름이 확산되고** 실제로 사용되고 있습니다(2-3 절 참조).

또한 **트랜잭션 처리는 이더리움 이외의 환경에서 행하여 검증 결과만을 이더리움에 기록하는 Layer2**(3-2 절 참조)라는 방법으로 스케일러빌리티 향상(**스케일링**)을 목표로 하는 움직임도 높아졌습니다.

그림 3-1 **트랜잭션 혼잡 시의 가스비 급등 및 그 영향**

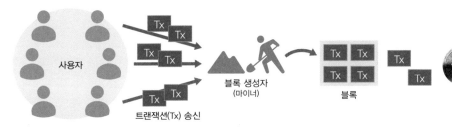

트랜잭션 혼잡 시(인기 NFT를 판매할 때 등)

사용자

트랜잭션(Tx) 송신

블록 생성자
(마이너)

블록

- 모든 트랜잭션의 Gas 합계 > Block Gas Limit이기 때문에 트랜잭션은 전부 포함되지 않음
- 트랜잭션이 포함되지 않았던 사용자는 다른 사람보다 높은 수수료를 지불하거나 가스비가 내려가길 기다릴 수밖에 없다.
  → 일시적으로 가스비가 급등하거나 트랜잭션이 포함되지 않는 사용자가 나오기도 한다.

그림 3-2 **스케일러빌리티의 딜레마**

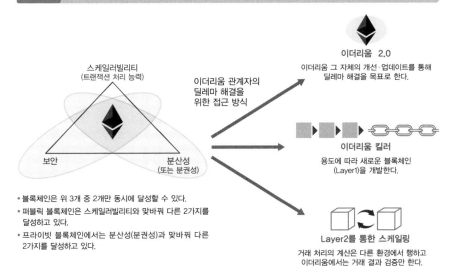

스케일러빌리티
(트랜잭션 처리 능력)

이더리움 관계자의
딜레마 해결을
위한 접근 방식

보안

분산성
(또는 분권성)

이더리움 2.0

이더리움 그 자체의 개선·업데이트를 통해
딜레마 해결을 목표로 한다.

이더리움 킬러

용도에 따라 새로운 블록체인
(Layer1)을 개발한다.

Layer2를 통한 스케일링

거래 처리의 계산은 다른 환경에서 행하고
이더리움에서는 거래 결과 검증만 한다.

- 블록체인은 위 3개 중 2개만 동시에 달성할 수 있다.
- 퍼블릭 블록체인은 스케일러빌리티와 맞바꿔 다른 2가지를
  달성하고 있다.
- 프라이빗 블록체인에서는 분산성(분권성)과 맞바꿔 다른
  2가지를 달성하고 있다.

Point

✔ 최근 NFT 관련 이벤트로 이더리움의 트랜잭션이 증가하고 가스비가 급등했다.

✔ 스케일러빌리티 향상(스케일링)을 위해 이더리움 이외의 블록체인 개발과 Layer2라
  는 기술의 발전도 활발해지고 있다.

≫ Layer2에 의한 스케일링

Layer2란

Layer2(세컨드레이어)란 **이더리움 메인넷(Layer1)과는 다른 환경에서 거래 처리를 행하고, Layer1에서는 검증만을 행함으로써 가스비의 삭감 및 거래 속도의 향상을 목표로 하는 구조**의 총칭입니다. 이처럼 블록체인에 관한 기술을 기능 및 역할에 따라 계층(레이어)으로 분류합니다(그림 3-3). 이더리움상의 트랜잭션 증가에 따른 가스비의 급등으로 인해 Layer2를 사용하는 NFT 프로젝트도 늘어나고 있습니다.

이더리움의 Layer2

이더리움의 대표적인 Layer2를 소개합니다(그림 3-4).

◆ **스테이트 채널**: 최초로 제안된 Layer2로, 비트코인의 Lightning Network를 참고로 참가자 노드 간에 통신용 채널을 설정하고, 오프체인에서 거래를 행한 후에 결과를 합쳐 블록체인에 기록하는 아이디어입니다. 그러나 ETH 송금의 고속화에 그쳐 이더리움의 특징인 스마트 계약을 사용할 수 없는 약점이 있습니다.

◆ **플라즈마**: 메인 블록체인(이더리움)에서 자식 블록체인(플라즈마 체인)을 계층적으로 작성하고, 트랜잭션의 처리는 각 플라즈마 체인에서 행하며, 최종적으로 메인의 블록체인에 거래 결과의 해시가 기록되는 것입니다. 스마트 계약을 사용할 수 있게 되었으나 데이터 검증이 되지 않아 부정 검지에 문제가 있습니다.

◆ **롤업**: Layer1과 같은 환경의 Layer2 노드를 준비하고, 거기서 여러 개의 트랜잭션을 합친 후, Layer1에 제출하는 아이디어입니다. **부정 검지의 방식이 다른 낙관적 롤업(Optimistic Rollups)과 영지식 롤업(ZK Rollups) 2가지가 있습니다.**

그림 3-3 **Layer의 개념과 Layer2의 역할**

애플리케이션 Layer		• 사용자에게 제공되는 비즈니스 앱이나 게임 앱 등으로 이루어진 레이어 • 넓은 의미로는 DID(분산형 아이덴티티, 3-13 절 참조)나 DAO, 도메인 서비스 등 「앱을 위한 앱」을 포함하는 경우가 있다.
Layer 2		• 거래(트랜잭션)를 Layer1에서 분리하여 행함으로써 처리 속도 향상 및 수수료 삭감을 행하는 레이어 • 넓은 의미로는 오라클 등의 본래 블록체인에는 갖추어져 있지 않은 확장 기능도 포함되는 경우가 있다.
Layer 1		• PoW나 PoS 등 컨센서스에 의해 블록의 작성이나 검증(확정)을 행하는 레이어 • 넓은 의미로 스마트 계약 언어의 실행 환경 등을 포함한다. • 일반적으로 「블록체인」이라고 부르는 레이어
Layer 0		P2P 네트워크·프로토콜 등, 트랜잭션 및 블록의 전파와 같은 기본적 통신을 행하는 레이어
하드웨어 Layer		• CPU/GPU/메모리 등의 범용 하드웨어로 이루어진 레이어 • TEE(Trusted Execution Environment), HSM(Hardware Security Module) 등 보안·스루 풋(단위 시간당 처리량) 등에 특화된 하드웨어를 포함하는 경우도 있다.

※「Layer」라는 단어는 어느 정도 보급되어 있지만, Layer를 나누는 법이나 역할에 대해서는 아직 명확한 공통 인식이 없고, 정보 출처에 따라서 다를 수 있다.

그림 3-4 **이더리움의 Layer2**

기술명	제안 시기	개요	장점	단점
스테이트 채널 (State Channel)	2017년	특정 참가자 간에 통신용 채널을 설정하고, 오픈체인에서 거래를 행한 후, 결과를 합쳐서 블록체인에 기록한다.	송금의 고속화	이더리움의 스마트계약을 사용할 수 없다. → 플라즈마가 제안된다.
플라즈마 (Plasma)	2017년	• 메인 블록체인에서 자식 블록체인(Plasma 체인)을 계층적으로 작성한다. • 트랜잭션은 각각의 Plasma 체인으로 처리된다.	고속이며 범용 계산 가능	원본 데이터의 검증이 어렵고, 부정을 검출할 수 없다(Data availability 문제) → 롤업이 제안된다.
낙관적 롤업 (Optimistic Rollups)	2020년	롤업된 트랜잭션은 기본적으로 올바른 것으로 받아들이고, 부정 제의가 있던 경우만 검증을 실시한다.	• 부정한 트랜잭션의 검지 • Layer1의 보안을 상속 • 범용적인 계산이 가능	Layer1에 포함될 때까지 수일 걸린다.
영지식 롤업 (ZK Rollups)	2020년	롤업된 트랜잭션을 영지식 증명을 이용하여 암호학적으로 검증한다.	• 부정한 트랜잭션의 검지 • Layer1의 보안을 상속 • 트랜잭션의 내용물을 보지 않고 검증 가능	• 현재, 기술적 제약이 없이 범용적인 계산을 할 수 없다. • 계산 부하가 높다.

Point

✔ Layer2란 이더리움 메인넷(Layer1)과는 다른 환경에서 거래 처리를 행함으로써 가스비의 삭감 및 거래 속도 향상을 목표로 하는 구조이다.

✔ 이더리움의 Layer2는 송금의 고속화를 목표로 한 스테이트 채널 및 자식 블록체인에서 거래를 행하는 플라즈마에서 시작하여, 현재는 트랜잭션을 합쳐서 제출하는 롤업이 검토되고 있다.

✔ 롤업은 낙관적 롤업과 영지식 롤업으로 크게 나눌 수 있다.

≫ PoW 컨센서스로 인한 지구 환경에 대한 부하

PoW가 전력을 대량으로 소비하는 구조 //

2-12와 2-13 절에서 PoW는 대량의 전력을 소비한다고 소개했습니다.

블록을 생성할 때, 여러 개의 마이너가 난스 계산(마이닝)을 시행하는데, 최초로 블록의 생성 권리·보수를 얻는 마이너는 1인(또는 하나의 단체)입니다. 즉, 대부분의 마이너는 블록 생성에 기여하지 않는 "헛스윙" 계산을 대량으로 행하고 있으며, 이것이 전력의 대량 소비를 불러일으킵니다.

또한, 마이닝을 간단하게 함으로써 계산에 필요한 전력을 절약할 수도 없습니다. 만약 마이닝이 극단적으로 간단한 경우, 마이너는 과거의 난스를 계산하고, 블록을 변조할 수 있습니다. 반대로 극단적으로 어려우면 블록 생성에 걸리는 시간이 길어지므로 트랜잭션은 좀처럼 블록에 포함될 수 없게 됩니다. 그래서 PoW에서는 마이너의 계산 능력(**해시레이트**)에 따라 마이닝의 난이도(**디피컬티**)를 조정하는 구조를 가지고 있습니다.

암호 암페 거래가 활발해지고 법정 화폐에 대한 가치가 올라가면 마이너 보수의 가치도 올라가기 때문에 이익을 추구하여 더욱 계산력이 높은 머신을 가진 마이너가 참가합니다. 그렇기 때문에 **해시레이트는 해마다 상승하고, 그에 따라 디피컬티도 증가, 마이닝에 드는 전력도 매년 증가하고 있습니다**(그림 3-5).

PoW의 블록체인은 얼마나 전력을 소비하고 있는가? //

구체적으로 PoW를 채용하고 있는 비트코인 및 이더리움의 전력 소비량을 소개합니다(그림 3-6). 2022년 9월의 **비트코인, 이더리움의 연간 전력 소비량은 각각 126TWh, 80TWh(PoS로 업데이트 전)로 각각 한국의 연간 소비량 550TWh(2022년)의 약 23% 및 약 16%입니다.** 이는 중규모 국가의 전력 소비량과 맞먹으며, 지구 환경에 대한 부하가 우려되고 있습니다.

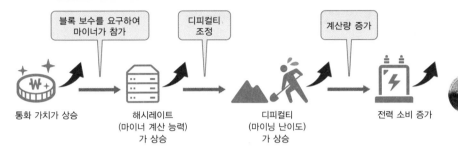

그림 3-5 통화 가치 · 해시레이트 · 디피컬티 · 전력소비량의 관계

블록 보수를 요구하여
마이너가 참가

디피컬티
조정

계산량 증가

통화 가치가 상승　　해시레이트 능력
(마이너 계산 능력)
가 상승　　디피컬티
(마이닝 난이도)
가 상승　　전력 소비 증가

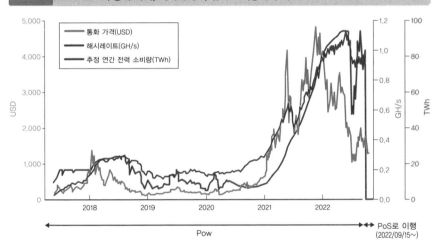

그림 3-6 Ethereum의 통화 가격, 해시레이트, 전력 소비량의 추이

- 통화 가격(USD)
- 해시레이트(GH/s)
- 추정 연간 전력 소비량(TWh)

PoW　　PoS로 이행
(2022/09/15~)

출처: 다음 데이터를 참고로 저자가 작성함
https://digiconomist.net/ethereum-energy-consumption
https://etherscan.io/chart/hashrate
https://ethereumprice.org/history

Point

✔ PoW의 마이닝 난이도(디피컬티)는 마이너 전체의 계산력(해시레이트)에 따라 조정된다.

✔ 암호 화폐의 가격 상승에 따라 마이너의 참가가 증가하면 해시레이트가 증가함으로써 디피컬티도 증가하고, 결과적으로 네트워크 전체에서의 전력 소비량도 증가해 간다.

✔ 비트코인 및 이더리움의 연간 전력 소비량은 막대하며, 지구 환경에 대한 부하를 문제 삼는 목소리도 있다.

» PoW 컨센서스의 리스크

PoW 블록체인에 대한 51% 공격이란? ///

2-12 절에서 PoW 컨센서스에서는 가장 긴(혹은 계산량이 많은) 체인이 옳다고 간주되는 것을 설명했습니다. 이 특징을 이용함으로써 **네트워크의 과반수를 상회하는 계산 능력(해시파워)을 가진 마이너가 존재하는 경우, 그 마이너는 부정한 거래를 할 수 있습니다.** 이것을 **51% 공격**이라고 합니다. 구체적으로는 그 압도적인 계산 능력을 이용하여 네트워크상에서 최장의 체인을 제출하고, 그때까지의 체인을 취소하고 체인의 **재편성(Reorg)**을 실시합니다(그림 3-7). 이로써 본래 체인상의 트랜잭션을 무효로 함으로써 **정당한 거래의 무효화 및 이중 지불이 가능해집니다.**

51% 공격은 어떤 경우에 이뤄지는가? ///

지금까지는 비트코인이나 이더리움 등의 규모가 큰 블록체인을 염두하여 51%의 해시파워를 확보하기 위해서는 엄청난 비용을 들여 마이닝 머신을 준비해야 하기 때문에 현실적으로 51% 공격을 행하는 것은 어렵다고 일컬어졌습니다. 그렇지만 **규모가 작은 블록체인에서는 비교적 적은 비용으로 필요한 해시파워를 획득할 수 있기 때문에 실제로 51% 공격이 행해진 사례가 몇 개 존재합니다**(그림 3-8). 또한 최근 클라우드에서의 마이닝 머신 대출 서비스가 나타나면서 직접 설비투자를 하지 않더라도 일시적으로 큰 해시파워를 얻을 수 있게 되었습니다.

그래서 PoW의 블록체인은 본질적으로 51% 공격의 위험을 피할 수 없다고 할 수 있습니다. 자신이 보유하고 있는 암호 화폐나 NFT가 어느 블록체인에서 동작하고 있는지를 알아보고, 그 블록체인에서는 컨센서스 알고리즘은 무엇을 이용하고 있는지, 51% 공격에 드는 비용은 얼마인지 등의 정보가 정리된 사이트(Crypto51 등)에서 확인해 두면 좋을 것입니다.

그림 3-7　51% 공격과 체인의 재편성(Reorg)

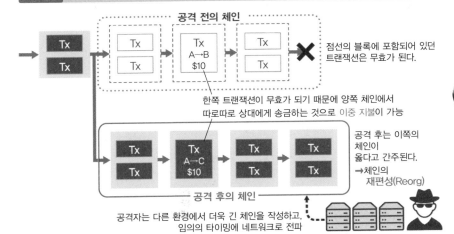

공격 전의 체인

점선의 블록에 포함되어 있던 트랜잭션은 무효가 된다.

한쪽 트랜잭션이 무효가 되기 때문에 양쪽 체인에서 따로따로 상대에게 송금하는 것으로 이중 지불이 가능

공격 후는 이쪽의 체인이 옳다고 간주된다.
→체인의 재편성(Reorg)

공격 후의 체인

공격자는 다른 환경에서 더욱 긴 체인을 작성하고, 임의의 타이밍에 네트워크로 전파

그림 3-8　51% 공격의 예

년 월	블록체인 (종목)	사건 개요	상세 원인	Reorg된 블록 수 (또는 시간)	공격자가 얻은 이익
2018/4 ~5	Verge (XVG)	4월에 1번째 공격이 발생. 코드 수정이 이뤄졌지만 취약성이 남아 있으며, 5월에 2번째 공격이 발생	특수한 PoW이며, 타임스탬프 위장에 의해 일부 알고리즘을 중복 실행할 수 있었기 때문에	•1번째: 약 3시간분의 블록 •2번째: 50,422블록	1번째: 당시 환율로 약 18억 원 2번째: 당시 환율로 약 20억 원
2018/5	Bitcoin Gold (BTG)	여러 암호 화폐 거래소에 대한 이중 지불. 확정했다고 보는 블록 수를 20에서 50으로 올림	해시레이트가 비교적 작았기 때문에	22블록	당시 환율로 약 200억 원
2020/8	Ethereum Classic (ETC)	같은 달에 총 3차례 51% 공격이 발생했다.	해시레이트가 작고 또한 마이닝머신을 빌리는 비용도 저렴한 시기였기 때문에	•1번째: 약 3,700블록 •2번째: 약 4,000블록 •3번째: 약 7,000블록	당시 환율로 약 60억 원
2020/11	Bitcoin Cash ABC (BCHA)	Bitcoin Cash에서 포크한 BCHA 프로토콜 사양을 변경하기 위해서 51% 공격이 발생. BCHA는 폐지되고 다른 블록체인으로 리브랜드되었다.	마이닝 보수의 일부를 개발 자금으로 돌리는 프로토콜 변경에 이의를 제기하는 여러 마이너가 결탁했기 때문에	–	– (프로토콜 변경이 목적이기 때문에)
2021/2	Verge (XVG)	약 200일 전 상태로 체인이 되돌아오고 있는 것을 사용자가 보고. 톱100 암호 화폐 중 가장 긴 체인의 Reorg가 되었다.	알고리즘으로서 해시레이트가 비교적 작기 때문이라고 하지만 상세 정보 없음	약 560,000블록 (단, Reorg된 체인을 커뮤니티가 인정하지 않는 방침)	– (Reorg 후의 모든 블록이 비어 있었기 때문에)

Point

✔ 51% 공격이란 PoW 블록체인의 마이닝 계산 능력(해시파워)의 과반수를 특정 마이너가 차지하고 있는 경우, 블록의 재편성(Reorg)을 함으로써 이중 지불을 가능하게 하는 공격이다.

✔ 경제 규모가 큰 블록체인에서는 51% 공격이 일어나기 어려운 것으로 알려져 있으나, PoW 블록체인의 본질적인 위험으로 인식해 둔다.

>> PoS 컨센서스의 과제

PoS의 Nothing at Stake 문제

2-13 절에서 설명한 바와 같이 PoS는 보유하고 있는 암호 화폐 양이나 보유 기간의 길이에 따라 블록 생성자(밸리데이터)를 결정하는 컨센서스 알고리즘입니다. 마이닝 이 필요 없기 때문에 **밸리데이터는 무비용으로 블록을 생성할 수 있습니다.** 그래서 포크가 일어난 경우는 양쪽의 체인에서 블록을 계속 생성하는 것이 최적인 전략입니 다. 그 결과로 **체인이 하나로 정해지지 않아 블록체인이 기능하지 않는 상황이 발생 한다**고 지적되고 있습니다(그림 3-9). 이것은 밸리데이터가 아무런 비용도 지불하지 않는(아무것도 걸지 않은) 것에 기인하기 때문에 **Nothing at Stake 문제**라고 불립니 다. 이더리움 2.0의 PoS 알고리즘에서는 이 점을 고려하여 밸리데이터에 스테이킹 보수(자산 예치) 의무를 부과하고, 정당한 블록을 승인한 경우에는 **스테이킹 보수**를 주고, 반대로 **부정한 블록을 승인한 경우에는 스테이킹하고 있는 암호 화폐를 몰수 합니다.**

스테이킹의 경제적인 밸런스

밸리데이터가 스테이킹을 할 때, 일정 기간 그 암호 화폐를 매매할 수 없게 되기 때 문에 자산 가치의 감소 시에 매각할 수 없는 등의 기회 손실(록업 비용)을 입을 수 있 습니다.

많은 사람들이 암호 화폐의 가치가 올라갈 것이라고 생각하는 경우, 록업 비용보다 도 스테이킹 보수가 크고, 더욱 많은 자산을 스테이킹하는 쪽이 보수를 받을 가능성 이 높기 때문에 거래 빈도·양(유동성)이 저하되어, 암호 화폐로서 기능할지에 대한 의문을 품습니다.

또한, 암호 화폐의 가치가 떨어질 것이라고 생각하는 경우, 사람들은 스테이킹 보수 보다도 롤업 비용이 커질 것을 우려하여 스테이킹을 하지 않게 됩니다.

즉, 밸리데이터가 될 후보가 적어지기 때문에 보안 저하 및 중앙 집권화로 이어질 가 능성이 있습니다(그림 3-10).

그림 3-9　Nothing at Stake 문제의 구조

블록 승인 비용이 없는 경우

❶같은 타이밍에 블록이 작성되어 체인이 포크한다.

❷양쪽에 블록을 승인함으로써 어느 한쪽 체인이 옳아도 보수를 받을 수 있다.

❸이후, 동일하기 때문에 체인은 분기된 채로 거래는 확정되지 않는다.

블록 승인 비용(벌칙)이 있는 경우

❶같은 타이밍에 블록이 작성되어 체인이 포크한다.

❷블록 승인에 비용이 들기 때문에 어느 한쪽을 선택한다.

❸우수한 체인에 연결된 쪽이 보수를 받을 확률이 높기 때문에 체인이 분기하지 않는다.

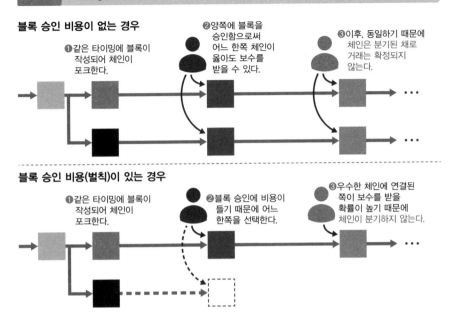

그림 3-10　스테이킹의 경제적인 밸런스

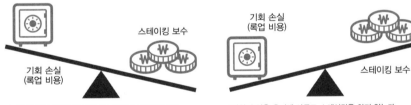

스테이킹 보수

기회 손실 (록업 비용)

기회 손실 (록업 비용)

스테이킹 보수

• 스테이킹 보수를 받기 위해 많은 사람이 스테이킹한다.
• 더욱 많은 자산을 보유하고 있는 쪽이 스테이킹 보수를 받을 확률이 높아지기 때문에 거래량(유동성)이 줄고, 암호 화폐 (통화)로 사용되지 않는다.

• 기회 손실을 우려해 아무도 스테이킹을 하지 않는다.
• 밸리데이터가 될 후보가 없어 보안 저하 및 중앙 집권화가 일어날 가능성이 있다.

Point

✔ PoS에서는 무비용으로 블록을 생성할 수 있기 때문에 그대로는 체인이 분기되고, 블록체인으로 기능할 수 없게 될 가능성이 있다(Nothing at Stake 문제).

✔ Nothing at Stake 문제를 막기 위해 스테이킹 보수와 몰수에 의한 시스템이 도입되고 있다.

블록체인의 기술적 과제

>> 익명성에 관한 과제① 블록체인에서의 익명성

블록체인에서의 익명성이란?

암호 화폐 거래에서 통상 블록체인상에는 어드레스와 거래 수량 등의 기록이 보존될 뿐, 구체적인 개인정보(성명이나 주소 등)는 기재하지 않기 때문에 **익명성**이 우수하다고 할 수 있습니다.

그러나 법정 통화(*역주: **한국은 암호 화폐를 법정 통화로 인정하지 않습니다. 24년 5월 기준**)로 암호 화폐를 구입할 때 암호 화폐 교환업자(거래소)에게 개인 정보를 제시해야 하며, 거래소 내에서 어드레스와 개인 정보의 연계가 이뤄지고 있습니다. 또한, 퍼블릭 블록체인의 경우, 거래 기록은 누구나 열람할 수 있으며 거래액이나 빈도 등의 정보를 통해 이용자가 추정될 우려가 있습니다. 관련하여 거래 기록은 과거로 거슬러 올라갈 수 있기 때문에 보유한 코인이 과거 범죄 등에 사용된 것으로 밝혀진 경우, 수취가 거부될 수도 있습니다(그림 3-11).

이처럼 블록체인의 익명성은 완전한 것이 아니기 때문에 **프라이버시나 자산 보호를 목적으로 익명성을 높이는 기술의 개발이 진행되고 있습니다**(3-7 절 참조).

익명성에 관한 규제

블록체인 사용자나 개발자는 거래에 익명성을 갖게 하고 싶어 하는 한편, 감독 당국으로서는 **자금 세탁 방지(AML)** 등을 위해 거래소에 데이터와 개인 정보를 연계하여 관리해야 하며, 규제가 검토되고 있습니다. 예를 들어, 국제적 기관인 「자금 세탁 방지 금융대책기구(FATF)」에 따라 거래소 간에 송부인과 수취인에 관한 정보를 공유하는 「트러블 룰」이 정해져, 각국의 거래소에서 대응이 검토되고 있습니다. 또한, 미국 재무부에서는 한발 더 나아가 거래소로부터 개인 인증이 되어 있지 않은 월렛으로 일정 이상의 출금을 금지하는 검토도 이뤄지고 있습니다(그림 3-12).

이처럼 **최근에는 익명화에 대한 규제가 강화되는 경향이며, 익명성에 대한 장점과 범죄 방지와의 밸런스가 모색되고 있습니다**.

그림 3-11 블록체인의 익명성의 관점

프라이버시

- 누구나 거래 기록을 열람할 수 있다.
- 개인 정보 자체는 블록체인상에 없지만, 거래액이나 거래 빈도로부터 사용자가 추정될 수 있다.

수취 거부

- 누구나 과거의 거래 기록을 추적할 수 있다.
- 과거에 범죄에 사용된 적이 있는 등의 이유로 자신의 자산이 수취 거부될 수 있다.

그림 3-12 익명성에 관한 규제안의 사례

트러블 룰(FATF)

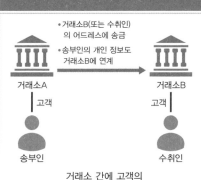

- 거래소B(또는 수취인)의 어드레스에 송금
- 송부인의 개인 정보도 거래소B에 연계

거래소A　　거래소B

고객　　　　고객

송부인　　　수취인

거래소 간에 고객의 개인 정보 연계를 의무화

자기 관리형 월렛으로의 송금 금지 (미국 재무부 안)

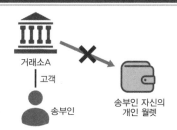

거래소A

고객

송부인

송부인 자신의 개인 월렛

- 인증되지 않은 자기 관리형 월렛으로의 거래소에서 일정액 이상의 송금을 금지
- 많은 월렛이 사용할 수 없게 되었기 때문에 반대 의견도 뿌리 깊다.

Point

✔ 블록체인의 익명성은 완전한 것이 아니고, 프라이버시 및 자산 보호를 목적으로 한 익명성 향상의 기술 개발 등이 이뤄지고 있다.

✔ 최근에는 익명화에 대해 규제가 강화되는 경향이 있으며, 익명성에 의한 장점과 범죄 방지와의 밸런스가 모색되고 있다.

≫ 익명성에 관한 과제②
익명성을 높이는 기술과 NFT

익명성을 높이는 기술의 사례

이전 절에서 언급한 익명성을 높이는 기술을 소개합니다(그림 3-13 · 3-14).

- ◆ **믹싱**: 여러 암호 화폐의 입출금 트랜잭션을 섞어서 입출금의 관계성을 알기 어렵게 만드는 기술입니다. 서비스로는 중앙집권형과 비중앙집권형이 있으며, 각각 탈취 위험 및 시간이 걸리는 등의 트레이드오프가 있습니다. **해외에서는 검거나 제재되고 있는 서비스도 있기 때문에** 주의가 필요합니다.
- ◆ **링 서명**: 자신의 공개키를 링이라고 부르는 여러 개의 공개키 그룹에 섞어서 어떤 비밀키가 서명했는지를 은닉화하는 기술입니다.
- ◆ **영지식 증명**: 명제(「자신이 어떤 어드레스에 대응하는 개인키를 갖고 있다」 등)가 참이라는 것을, 참인 것 이외 일체의 지식을 상대에게 주지 않고 증명하는 기술의 총칭입니다.
- ◆ **멀티파티 계산**(비밀 분산): 계산 대상의 데이터를 물리적으로 격리된 서버로 단편화하여 보내고, 각 단편에 대한 계산 처리를 행한 후에 집약 · 복원하는 기술의 총칭입니다.

NFT와 익명성

암호 화폐 분야에서는 프라이버시를 높이고 싶은 사용자 · 개발자와 개인 정보를 연계하여 관리하고자 하는 감독 당국 사이에서 **익명성 규제가 검토되고 있는** 중이라고 할 수 있습니다.

NFT에 대해서는 비금융 분야에서 사용되는 경우, 감독당국은 금융 분야만큼 엄밀한 관리를 요구하지 않습니다. 그러나 NFT도 블록체인이 베이스로 되어 있기 때문에 암호 화폐와 마찬가지로 자금 세탁방지 등에 이용될 우려도 지적되고 있습니다. 따라서 **NFT의 특징에 맞춘 익명성의 방식이 향후 검토되어 갈 것입니다.**

그림 3-13 익명성을 유지하는 기술 · 서비스의 예①

믹싱

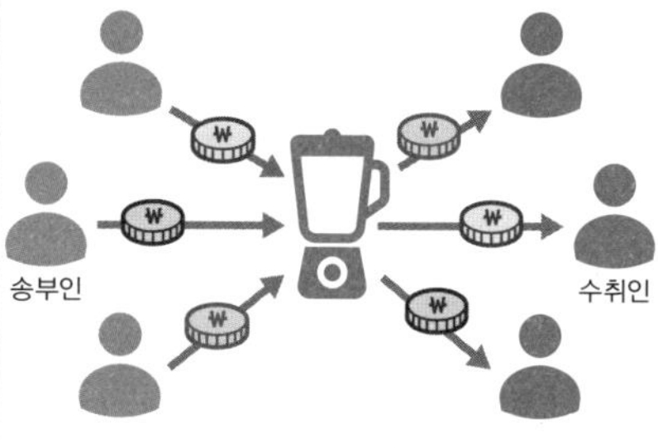

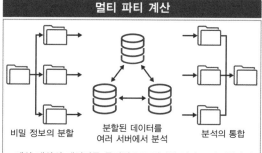

송부인　　　　　　　　　　　　　수취인

• 입출금 전후의 관계성을 알 수 없게 하는 방법
• 일부 서비스에 대해서는 검거나 제재가 이뤄지고 있다. 대표적인 예로 2022년 8월 미국 재무부는 믹싱 서비스 Tornado Cash(러시아)에 대해서 제재를 행하고 있다.

링 서명

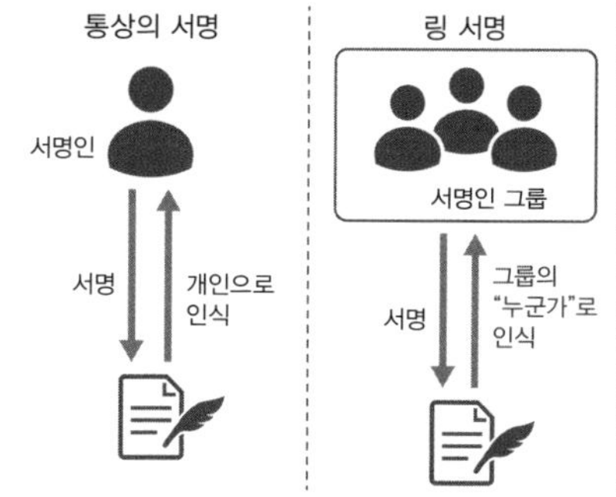

통상의 서명　　　　　　　　　　링 서명

서명인　　　　　　　　　　　　　서명인 그룹

서명　개인으로 인식　　　　　서명　그룹의 "누군가"로 인식

자신의 공개키를 여러 공개키 그룹(링)에 섞음으로써 서명으로부터 어떤 비밀키로 서명했는지는 모르지만 그룹의 멤버임을 알 수 있는 기술

그림 3-14 익명성을 유지하는 기술 · 서비스의 예②

영지식 증명

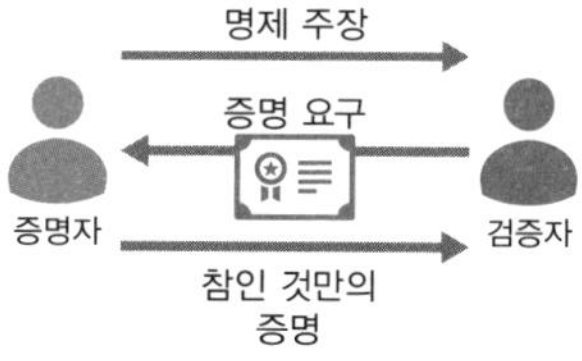

명제 주장

증명 요구

참인 것만의 증명

증명자　　　　　　　　　　　　　검증자

명제가 참임을 그 이외의 정보를 일절 주지 않고 증명하는 방법의 총칭

멀티 파티 계산

비밀 정보의 분할　　분할된 데이터를 여러 서버에서 분석　　분석의 통합

• 계산 대상의 데이터를 물리적으로 격리된 서버로 단편화하여 송신하고, 각 단편에 대해서 계산 처리를 행한 후에 집약·복원한다.
• 블록체인에서는 비밀키의 분산 서명 등에 이용된다.

Point

✔ 다양한 관점 · 단계로 익명성을 높이는 기술이 있으며, 대부분은 현재도 발전 중이다.

✔ 해외에서는 암호 화폐 관련의 익명화 서비스 제공자가 검거 · 제재되거나 규제의 검토 등이 이루어지고 있으므로 주의가 필요하다.

✔ 현재 NFT는 암호 화폐 분야에 비해 자금 세탁 방지 대책 등이 엄밀하지 않지만, 향후는 익명성 방식이 검토될 것으로 예상된다.

블록체인의 기술적 과제

≫ 보안①
스마트 계약의 위험성을 이용한 공격

스마트 계약 개발에서의 보안 //

스마트 계약의 보안은 매우 중요합니다. 특히 퍼블릭 체인의 경우, **전 세계의 사용자가 접근할 수 있고, 그 중에는 악의가 있는 공격자가 반드시 있기 때문입니다.** 또한, 스마트 계약은 대부분의 경우, 금전적 가치가 있는 암호 화폐 및 토큰을 취급합니다. 그래서 프로그램에 대한 공격이 성공한 경우, **즉시 경제적 손해를 발생시킵니다.** 더불어 기존 금융시스템과 달리 블록체인의 비가역성으로 인해 이 **손해를 원래대로 되돌릴 수 있는 방법은 기본적으로 없습니다.** 또한, 배포(deploy)된 후의 스마트 계약의 버그를 수정하는 것은 곤란합니다.

이처럼 스마트 계약의 개발은 보안에 충분히 주의해서 행해야 하기 때문에 **방어적 프로그래밍**의 사고방식을 따를 것이 요구됩니다(그림 3-15).

스마트 계약으로의 공격 방법 //

대표적인 스마트 계약으로의 공격 방법인 **리엔트렌시(재진입) 공격**을 소개합니다(그림 3-16). 비유하면 ATM에서 돈을 인출했는데 통장에 기재된 금액이 변하지 않아서 여러 번 인출시켜 버리는 것과 같은 상태를 만들어내는 공격입니다. 공격자는 공격용의 스마트 계약을 배포(deploy)하고, 거기서 타깃이 되는 자금을 맡아 주는 컨트랙트로 자금을 송금한 후, 바로 인출합니다. 공격용 스마트 계약에는 송금을 받은 것을 트리거로 재인출하는 로직이 포함되어 있어 타깃의 스마트 계약이 대책을 강구하지 않을 경우, **자산이 소진될 때까지 인출이 이루어지는** 공격입니다.

현재 널리 대책이 강구되고 있지만 과거에는 The DAO 사건(2016년)으로 360만 ETH(당시 520억 원) 피해를 낸 유명한 공격이며, 스마트 계약 보안의 중요성을 인지시킨 공격이라고 할 수 있습니다.

그림 3-15 스마트 계약 개발에서의 방어적 프로그래밍

단순성

같은 작동을 하는 코드라면 내용이 단순할수록 예상 밖의 영향이 적어 안전하다고 할 수 있다.

코드의 재이용

• 라이브러리가 있는 경우는 재이용한다.
• 스스로 같은 것을 만드는 것은 버그를 혼입시킬 가능성이 높다.

코드의 품질

작은 버그가 큰 피해를 줄 가능성이 있기 때문에 유인 로켓을 개발하는 것처럼 엄격한 코드 품질을 유지한다.

가독성·감사 용이성

• 코드는 읽기 쉽고, 감사하기 쉽게 한다.
• 블록체인 커뮤니티의 코딩 규칙을 채용한다.
• 이용자는 스마트 계약이 감사 회사 등에서 감사되고 있는지 확인한다.

테스트 커버리지

• 가능한 모든 테스트를 행한다.
• 누구나 접근할 수 있는 것을 전제로 한 가장 엄격한 테스트를 행한다.

그림 3-16 엔트렌시(재진입) 공격의 처리 흐름

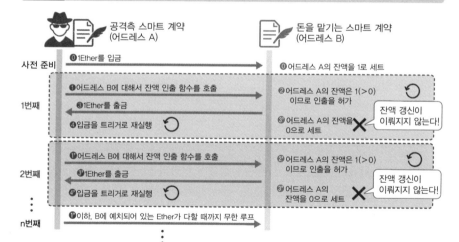

Point

✔ 스마트 계약 개발은 누구나 접근할 수 있으며, 금전에 직접적인 관련이 있고 공격을 받아도 원래대로 되돌릴 수 없기 때문에 보안이 매우 중요하다.

✔ 리엔트렌시 공격은 공격 대상의 자금이 소진될 때까지 인출할 수 있는 공격이며, The DAO 사건으로 막대한 피해를 입었고 현재도 피해가 발생하고 있다.

≫ 보안②
MEV 획득을 목적으로 한 공격

MEV란?

MEV(Maximal Extractable Value: 최대 추출 가능값)란 트레이더나 블록 생성자가 **블록에 포함된 트랜잭션 순서를 조작하는 등의 방법으로 본래 받는 블록 보수 이상으로 얻을 수 있는 이익의 최댓값**입니다(그림 3-17). 기존에는 블록 생성자에게 있어 수수료가 높은 트랜잭션부터 차례대로 블록에 넣는 것이 가장 이익을 얻을 수 있는 전략이었으나, DeFi(5-11 절 참조)의 발전으로 인해 다양한 암호 화폐 시장에 즉시 접근할 수 있게 되었기 때문에 적정 가격으로부터의 차이(차익거래 기회)를 이용하여 이익을 획득하는 이들이 나타나고, 일부에서는 문제시되어 왔습니다.

MEV 획득을 목적으로 한 프런트러닝 공격

MEV 획득을 목적으로 한 행동의 일례로, 자동으로 거래 가격을 산출하는 오토마켓 메이크업형의 DEX(5-11 절 참조)를 이용한 **프런트러닝**을 소개합니다(그림 3-18).

프런트러닝은 사용자의 거래와 같은 거래를 블록 생성자(나 다른 트레이더)가 먼저 행하는 것입니다(사용자보다 유리한 조건으로 거래를 할 수 있기 때문에 증권 거래 등에서는 금지되고 있습니다). 이 방법은 DEX에 잠겨 있는 자산(유동성 풀)에 대해서 거래액이 크고, 재정 거래의 이익이 수수료 등의 비용을 초과하는 거래만 대상이 되지만, 사용자가 스스로 방어하는 것은 매우 어렵습니다.

이러한 MEV 획득에 관한 악용 사례가 발생하며 이더리움 커뮤니티나 DeFi 제공자 등의 관계자가 대책을 검토하고 있지만, 블록 생성을 위해 생성자는 어떠한 수단으로든 트랜잭션을 검증해야 할 필요가 있고, 재정 이익 추구 자체는 건전한 경제 활동이기 때문에 해결이 어려운 과제 중 하나라고 할 수 있습니다.

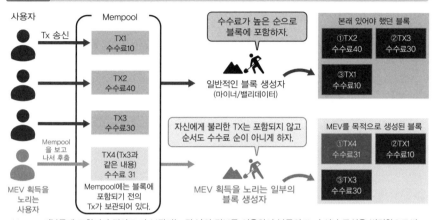

그림 3-17 MEV의 구조

사용자

Tx 송신

Mempool

TX1
수수료10

TX2
수수료40

TX3
수수료30

Mempool을 보고 나서 후출

TX4 (Tx3과 같은 내용)
수수료 31

Mempool에는 블록에 포함되기 전의 Tx가 보관되어 있다.

MEV 획득을 노리는 사용자

수수료가 높은 순으로 블록에 포함하자.

일반적인 블록 생성자
(마이너/밸리데이터)

본래 있어야 했던 블록

①TX2
수수료40

②TX3
수수료30

③TX1
수수료10

자신에게 불리한 TX는 포함되지 않고 순서도 수수료 순이 아니게 하자.

MEV 획득을 노리는 일부의 블록 생성자

MEV를 목적으로 생성된 블록

①TX4
수수료31

②TX1
수수료10

③TX3
수수료30

Mempool(블록에 포함되기 전의 Tx가 보관되는 장소)의 정보를 이용하여 블록의 Tx 순서나 구성을 변경함으로써 얻을 수 있는 이익(의 최댓값)이 MEV

그림 3-18 MEV 획득을 목적으로 한 프런트러닝

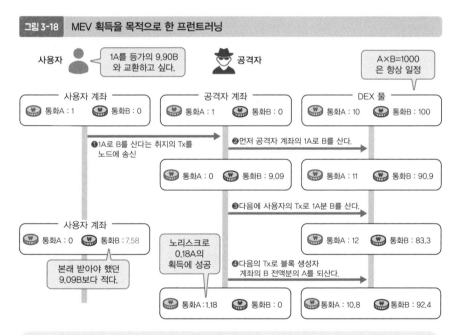

사용자

1A를 등가의 9.90B 와 교환하고 싶다.

공격자

A×B=1000 은 항상 일정

사용자 계좌
통화A : 1   통화B : 0

공격자 계좌
통화A : 1   통화B : 0

DEX 풀
통화A : 10   통화B : 100

❶1A로 B를 산다는 취지의 Tx를 노드에 송신

❷먼저 공격자 계좌의 1A로 B를 산다.

통화A : 0   통화B : 9.09

통화A : 11   통화B : 90.9

❸다음에 사용자의 Tx로 1A분 B를 산다.

사용자 계좌
통화A : 0   통화B : 7.58

노리스크로 0.18A의 획득에 성공

통화A : 12   통화B : 83.3

본래 받아야 했던 9.09B보다 적다.

❹다음의 Tx로 블록 생성자 계좌의 B 전액분의 A를 되산다.

통화A : 1.18   통화B : 0

통화A : 10.8   통화B : 92.4

Point

✔ 블록 생성자 등이 블록에 포함하는 트랜잭션 순서 등을 조작하여 얻을 수 있는 블록 보수 이상의 이익을 MEV라고 한다.

✔ MEV 획득을 목적으로 한 행동 중에는 일반 사용자에게 피해를 주는 것도 있어 관계자가 대책을 검토하고 있다.

≫ NFT의 아키텍처

NFT의 토큰, 메타데이터, 콘텐츠는 어디에 있는가? \\\\\\\\\\\\\\\\\\\\\\\\\\\\

2-18 절에서 설명한 대로 일반적으로 블록체인상의 데이터와 **IPFS**상의 **토큰** 및 **메타데이터**가 나타내는 그림이나 게임 캐릭터 등(편의상 NFT의 **콘텐츠**라고 합니다)은 각각 따로따로 관리되고 있습니다.

NFT 마켓플레이스를 이용할 때를 생각해 봅시다(그림 3-19). 마켓플레이스는 사업자 서버에 개설되어 있기 때문에 어드레스를 바탕으로 블록체인 노드에 대해 ERC-721 토큰의 데이터를 요구·취득합니다(그림 중 ❶·❷). 그 후, 토큰에 포함되는 tokenURI를 바탕으로 IPFS 등에 메타데이터를 요구·취득합니다(그림 중 ❸·❹).

이때 토큰은 소유자나 tokenURI 등의 최소한의 데이터만 갖기 때문에 사진(URL)이나 NFT의 타이틀·해설·스테이트 등의 **NFT를 특징짓는 정보의 대부분은 메타데이터 내에 있으며, 블록체인상에는 존재하지 않는다**는 것을 인식해 두면 좋을 것입니다.

NFT는 조작 가능? 불가능? \\

「NFT는 조작 가능/불가능하다」라는 말을 많이 듣는데, 이것은 매우 세분화하여 의논해야 할 문제입니다. 왜냐하면 **NFT는 전체적으로는 여러 보안 레벨이 다른 서버 및 주체에 의해 구성되기 때문**입니다.

구체적으로 토큰은 블록체인의 보안상에 있기 때문에 변조는 쉽지 않을 것입니다. 메타데이터가 있는 IPFS는 변조가 어렵지만, 데이터의 장기 보존에는 어려움이 있어 소실의 우려가 있습니다. 콘텐츠에 대해서는 콘텐츠가 올바른 상태인지는 서비스 사업자를 신뢰할 수밖에 없습니다.

한데 묶어 취급하는 말에 헷갈리지 않고, **문제를 아키텍처에 따라 작은 단위로 나눔으로써** 더욱 본질적인 과제가 보일 것입니다(그림 3-20).

그림 3-19   ERC-721 토큰 시스템 아키텍처의 외관

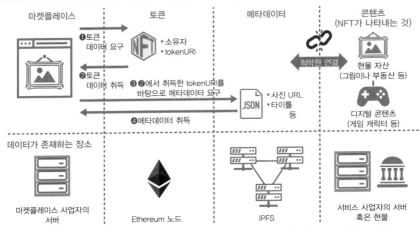

수수료 등의 문제로부터 토큰에는 소유자 및 tokenURI 등, 최소한 정보만 기록하는 사례가 많다(예외 있음).

그림 3-20   아키텍처 요소별 과제(일례)

마켓플레이스
→사업자에게 사이트 운영을 맡기는 경우가 많다.

마켓플레이스가 위조된다(3-12 절 참조). 등

메타데이터
→IPFS이면 데이터 변조는 어려움

• 데이터 장기 보관에 적합하지 않다.
• 애초에 서비스 사업자가 메타데이터 보관에 IPFS를 사용하지 않는다. 등

토큰
→(동일의) 블록체인 내부에서는 변조 어려움

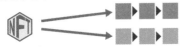

여러 블록체인상에 같은 토큰을 발행한다.
등

콘텐츠
→사업자에게 보관 등이 맡겨져 있는 경우가 많다.

토큰이나 메타데이터와 관계없이 콘텐츠를 바꾼다.
등

Point

✔ NFT를 큰 시스템 아키텍처로 파악하면 토큰, 메타데이터, NFT가 나타내는 콘텐츠의 영역으로 크게 나눌 수 있다.

✔ NFT 콘텐츠를 나타내는(특징짓는) 데이터는 블록체인상의 토큰 안이 아닌 주로 NFT 메타데이터에 저장되어 있다.

✔ NFT를 구성하는 요소는 여러 보안 레벨의 다른 환경에 존재하기 때문에 아키텍처에 따라 과제를 분리하면 좋다.

» 콘텐츠가 블록체인의 밖에 있는 의미

토큰, 메타데이터와 콘텐츠의 관계성

이전 절부터 **토큰, 메타데이터**와 그것이 나타내는 **콘텐츠**의 관계성이 현상태에서는 희박하다는 것을 알 수 있습니다(그림 3-21).

기술적으로는 콘텐츠 자체에는 변조 저항성이 없기 때문에 현물·디지털을 불문하고, 대체나 분실이 일어날 수 있습니다. 또한 법적으로도 NFT 토큰을 보유하는 것만으로 그 NFT가 나타내는 콘텐츠의 권리자임이 보증되는 것은 아니며, 어디까지나 사용자와 서비스 사업자와의 개별 계약에 의거하고 있습니다.

이러한 현상을 개선하기 위해 **토큰, 메타데이터로 나타내는 콘텐츠와의 연결을 지원하는 구조가 검토되고 있습니다.**

토큰, 메타데이터와 콘텐츠를 어떻게 연결할 것인가?

기술적으로는 몇 가지 아이디어가 실현되고 있으며, 현재 블록체인 이외의 기술적 방법을 통하여 서비스 사업자가 토큰과 콘텐츠를 연결하는 서비스가 중심이 되고 있습니다(그림 3-22).

예를 들어 유일한 ID를 가진 IC 태그를 아트 등에 물리적으로 붙이고, 토큰이나 메타데이터 내에 그 ID를 보유하거나 실물이 가지는 고유의 물리적 특징(그림의 사진 이미지 등)을 측정하여 해시화한 값을 토큰이나 메타데이터 내에 보유하거나 함으로써 관계성을 유지하려는 개념입니다. 이들은 **토큰과 콘텐츠의 상태를 정기적으로 동기·검증함으로써 연결을 강화하려고 하는 아이디어**라고도 할 수 있습니다.

한편, 아무도 콘텐츠를 바꿀 수 없게 하는 아이디어도 있습니다. 예를 들어, NFT 발행 후에 실물 그림을 태워버리는 프로젝트가 있습니다. 그러나 이 방법을 실현할 수 있는 대상은 한정적이고, 뒷받침되는 실체가 존재하지 않는 NFT가 장기적으로 가치를 유지할 것인가 하는 우려도 남습니다.

그림 3-21　토큰 · 메타데이터와 콘텐츠의 관계성과 연결

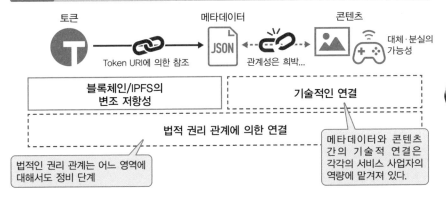

블록체인의 기술적 과제

그림 3-22　토큰과 콘텐츠의 기술적인 연결 사례

토큰과 콘텐츠(현물)의 연결을 강화하는 아이디어

**현물에 IC 태그를 첨부하고,
그 ID를 토큰이나 메타데이터로 보유**

➡IC 태그의 부착이나 훼손이 일어나지 않는 한
　토큰과 현물이 연결된다.

**현물의 물리적 특징을 해시화하여
토큰이나 메타데이터에 보존**

➡현물이 측정 시로부터 훼손되지 않는 한
　토큰과 현물이 연결된다.

콘텐츠(현물)를 토큰 발행 후 변경 불가능하게 하는 아이디어

NFT 발행 후에 현물을 태우다

➡현물이 소실되므로 토큰 발행 시의 상태에서
　현물이 다른 사람에게 전달되거나 이미지를
　훼손하거나 하는 일이 일어나지 않는다.

Point

✔ NFT의 토큰, 메타데이터와 NFT가 나타내는 콘텐츠 사이의 관계성은 희박하기 때
　문에 그것들을 연결하는 구조가 검토되고 있다.

✔ 기술적으로는 토큰과 콘텐츠의 관계성을 강화하는 아이디어나 콘텐츠를 변경 불가
　능하게 하는 아이디어 등이 있다.

≫ NFT·암호 화폐에 관련된 사기

NFT 암호 화폐에 관련된 주요 사기

NFT나 암호 화폐에 관련된 사기에는 일반 사이버 범죄에서 사용되는 위장 등을 기반으로 하면서도 블록체인 특유의 부분도 있으며, 다음과 같은 수법을 볼 수 있습니다(그림 3-23).

◆ **마켓플레이스의 위조:** 마켓플레이스의 웹사이트 자체를 위조하는 사기입니다. 사용자가 자신의 월렛과 사이트 접속을 승인하면 소유한 NFT 및 암호 화폐를 도난당하는 것도 있습니다.

◆ **가짜 NFT(위조·표절):** 범인이 아티스트의 작품에서 이미지를 도용·변형하는 형태로 NFT를 발행하여 마켓플레이스에 출품하고 원본으로 오인·구입하게 하는 사기입니다.

◆ **NFT 에어드롭 사기:** 아티스트 등의 NFT 발행자로 위장하여, 신규 사용자 획득을 위한 무료 혹은 저가 배포(에어드롭)라고 칭하여 사용자에게 가짜 NFT의 구입을 재촉하는 것입니다. 위조된 마켓플레이스로의 유도를 행하는 것도 있습니다.

NFT 암호 화폐에 관련된 사기에 대한 대책

대부분의 사기 수법은 마켓플레이스 URL이나 NFT 발행자의 어드레스 확인, SNS 공식 인증의 활용 등으로 사용자 스스로 예방할 수 있습니다. 그러나 DNS 자체를 점령하거나(DNS 하이잭), 유명인으로부터 SNS 공식 인증된 계정을 사들이는 등의 교묘한 수법도 있어 앞으로도 사기 피해는 일정 비율로 계속될 것으로 보입니다. 마켓플레이스 사업자도 출품자에 대한 인증 등의 대책을 취하고 있으나, 기본적으로 NFT 자체는 마켓플레이스를 통하지 않아도 송수신할 수 있으므로 중앙집권적인 방법으로 근본적인 해결을 하는 것은 매우 어려울 것이라 생각됩니다(그림 3-24).

그림 3-23 NFT·암호 화폐에 관련된 사기 사례

마켓플레이스 위조

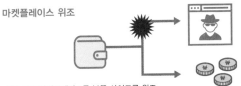

위조된 마켓플레이스 사이트

- 실제 NFT 마켓플레이스를 본뜬 사이트를 위조
- 사용자가 월렛과 사이트 접속을 승인하면 이더리움 계정의 NFT나 자산을 도난당하는 케이스가 있다.
- 접속용이나 보관용 등, 이더리움 계정을 용도에 따라 구분하여 사용하는 것이 피해를 최소화하는 데 효과적이다.

가짜 NFT

- 다른 아티스트의 아트나 NFT 등을 바탕으로 위조한 NFT를 아티스트로 위장하여 마켓플레이스에 출품
- 아티스트의 어드레스가 올바른지 확인하는 것이 대책으로 효과적

NFT 에어드롭 사기

- 아티스트 등으로 위장해 무료·저가로 배포(에어드롭) 한다고 속여 위조된 마켓 플레이스로 유도한다.
- SNS 공식 인증의 확인 등이 대책으로 유효하지만 본인의 SNS 계정을 사들인 사례 등도 있다.

그림 3-24 NFT 사기 · 마켓플레이스 규제의 어려움

일반적인 EC 사이트 등

사업자(마켓플레이스) 측의 규제를 강화하고, 인증 강화를 요구함으로써 부정을 방지할 수 있다.

NFT·암호 화폐

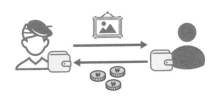

사업자를 통하지 않더라도 월렛이나 DeFi를 통해 사용자끼리 교환할 수 있어 부정한 NFT 유통을 완벽하게 방지할 수 없다.

Point

✔ NFT와 관련된 사기의 방법은 다양하고, 그중에는 교묘한 수법도 있기 때문에 사기의 수법이나 대책을 알아두면 좋다.

✔ 마켓플레이스에 의한 대책 등도 추진되고 있지만, 현재는 NFT 사기에 대해서 근본적인 대책은 취해지지 않아 사용자의 자기 방어가 요구된다.

≫ 자기 주권형 아이덴티티 · 분산형 아이덴티티와 NFT

자기주권형 아이덴티티와 기존 ID와의 차이

친숙한 ID에 대해 생각해 보면 여권이나 운전면허증에는 행정기관, 인터넷상의 사이트라면 서비스 제공자와 같이 ID를 발행 · 관리하는 주체가 존재합니다. 사용자에게 있어서 자신의 ID 관리를 위탁하는 것이 서비스를 받기 위한 전제가 되는 경우가 많고, 자신이 모르는 곳에서 ID가 유출되거나 의도치 않게 사용되는 경우가 있을 수 있습니다. 또한, GAFA를 중심으로 IT 대기업에 사용자의 ID 정보가 집중되는 것도 문제가 되기 시작했습니다.

기존의 ID 관리가 아닌 **사용자가 자신의 ID를 스스로 컨트롤할 수 있도록 하는 생각**을 자기 주권형 아이덴티티(Self-Sovereign Identity: **SSI**), **블록체인을 이용하는 구조**를 분산형 아이덴티티(Decentralized Identity: **DID**)라고 합니다(그림 3-25).

자기주권형 아이덴티티가 NFT에 가져올 것으로 기대되는 영향

이전 절에서 소개한 에어드롭 사기나 가짜 NFT 등의 사기 행위의 유입 경로는 SNS인 경우가 많습니다. 이것은 근본적으로는 블록체인상의 정보만으로는 NFT 발행자의 내력을 판단할 수 없는 것에 따릅니다. 결과적으로 정보가 모이기 쉬운 SNS가 사기의 근원지가 되어 버리는 것입니다.

SSI가 발전하면서 **블록체인상에서 ID 정보를 참조할 수 있어서, 내력을 판단할 수 있게 되면** 위와 같은 사기 피해가 경감되어 NFT 발행자 및 구매자에게 장점이 될 것으로 기대됩니다.

그러한 미래상의 하나로, 글렌와일 및 비탈릭부테린 등은 **Soul**과 Soul bound Token(**SBTs**)이라는 개념을 제안하고 있습니다. 이들은 SNS나 일부 마켓플레이스에 NFT 발행자의 내력이 의존하고 있는 현 상황을 문제 시하고, **Soul 및 SBTs의 도입으로 블록체인상에서 NFT 발행자의 사회적 내력 등을 추적할 수 있다**고 합니다(그림 3-26).

그림 3-25 기존의 ID와 SSI/DID

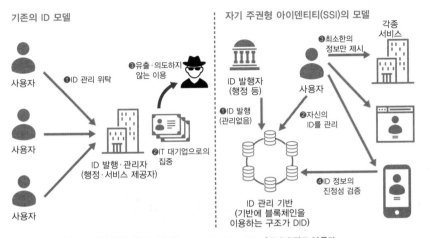

기존의 ID 모델

자기 주권형 아이덴티티(SSI)의 모델

※분산형 아이덴티티 구현을 위한 식별자 규격(Decentralized Identifiers)도 DID라고 부른다.

그림 3-26 Soul · SBTs가 NFT 아티스트에게 사용되는 미래상

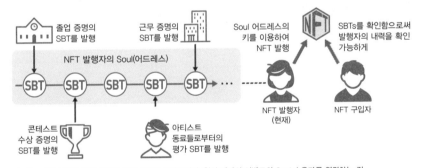

• SBT는 다른 토큰과 달리 사용자 간에 이전이 불가능하며, 현실 세계의 이벤트와 Soul 소유자를 연결하는 것
• SBT는 자신에 대해 발행할 수 없으며, 타사로부터의 평가·증명으로 발행받는 것
• SBTs는 개인에 대한 신용평가 시스템으로 기능하여, 감시 사회를 초래하거나 인권을 훼손하지 않을까 하는 반대 의견도 있다.

Point

✔ 기존의 중앙관리형 ID에서 사용자 자신이 ID를 컨트롤하는 생각을 자기 주권형 아이덴티티(SSI)라고 하며, 블록체인을 이용하는 것을 분산형 아이덴티티(DID)라고 한다.

✔ SSI/DID가 발전하여 블록체인상에서 NFT 발행자의 내력을 확인할 수 있게 됨으로써 사기 등의 피해 경감이 예상된다.

가스비 확인 사이트

이 장에서 언급한 몇 가지 과제나 기술은 이더리움 가스 가격이 발단이 되었습니다. 그렇다면 실제로 이더리움으로 트랜잭션을 보내고 싶을 때 어느 정도의 가스를 지불하면 될까요?

[제2장 따라해보기]에서 소개한 이더 스캔을 비롯해 가스비를 확인할 수 있는 사이트는 몇 개 있는데, 여기에서는 Blocknative사의 가스 에스티메이터를 사용하여 가스비를 확인해 봅시다.

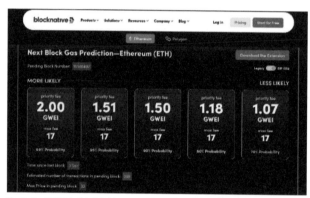

Blocknative사의 가스 에스티메이터
URL: https://www.blocknative.com/gas-estimator

가스 에스티메이터 보는 법

화면상의 「GWEI」란 「Giga(10^9) WEI」의 약어입니다. 이 책에서는 이더리움의 통화 단위를 「ETH」라고 설명해 왔는데, 1ETH는 큰 금액(2024년 기준 530만 원 정도, 2022년 620만 원 이상을 기록하기도 함) 이므로, 더욱 사용하기 편리한 작은 단위로 「WEI」가 있습니다. 1WEI=10^{-18} ETH이므로 1GWEI란 10^{-9} ETH 즉 0.0000001ETH입니다.

각 상자 아래의 「○○% Probability」는 그 프라이어리티 피(마이너로의 팁)와 맥스 피(베이스피와 합계로 얼마를 지불하면 되는가)를 지정하여 트랜잭션을 송신했을 때 「다음 블록에서 그 트랜잭션이 포함될 확률」을 나타내고 있습니다. 예를 들면, 이미지의 예에서는 1Gas당 2.00GWEI를 프라이어리티 피로 지정함으로써 99%의 확률로 다음 블록으로 트랜잭션을 포함시킬 수 있습니다.

NFT의 유스케이스

엔터테인먼트편

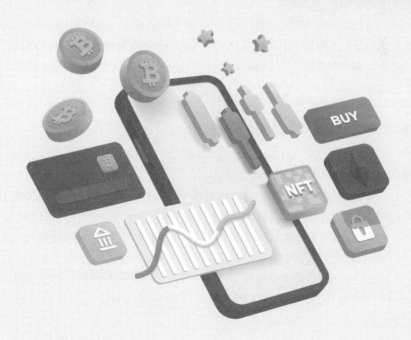

>> 아트①
전통적인 아트 에코시스템

다양한 플레이어의 상호 작용으로 예술의 흐름이 만들어진다 //////////////////

전통적인 아트 에코시스템을 살펴보면 작품을 제작하는 「아티스트」, 작품을 세상에 내놓는 「갤러리」, 작품 경매를 하는 「옥션 하우스」, 작품을 구입하는 「컬렉터」, 작품 수장 등을 통해 미술적 가치 기반의 형성을 담당하는 「미술관」 등 여러 플레이어가 존재합니다.

그리고 **경제적 가치 형성을 담당하는 플레이어와 미술적 가치 기반의 형성을 담당하는 플레이어가 서로 작용함으로써 아트의 흐름이 만들어지고, 작품의 경제적 · 미술적 가치가 결정되는 구조로 되어 있습니다**(그림 4-1).

다음으로 아트 산업의 플레이어 간의 관계를 살펴보겠습니다. 먼저 아티스트는 일반적으로 **프라이머리 · 갤러리**에 소속되어 있습니다. 프라이머리 · 갤러리는 아티스트와 컬렉터를 연결하는 역할을 담당하며, 소속된 아티스트의 작품이 팔릴 수 있도록 프로모션 활동을 진행합니다. 컬렉터는 아티스트의 신작을 원할 경우, 프라이머리 · 갤러리를 통해서 구매합니다. 또한, 세컨더리 · 갤러리나 옥션하우스와 같은 2차 유통을 담당하는 플레이어로부터 구입하는 경우도 있습니다.

전통적인 아트 산업에서 거래상의 주요 과제 //////////////////////////

아티스트의 작품을 컬렉터가 구입하면 프라이머리 · 갤러리를 통해 그 구입 금액은 아티스트와 프라이머리 · 갤러리로 분배됩니다. 그러나 **2차 유통시장**에서 작품이 매매되는 경우, **구매자가 지불하는 대가는 판매자인 옥션하우스 등이 모두 가져가고 아티스트에게 환원되지 않는 것이 일반적입니다**(그림 4-2). 해외에서는 추급권에 의해 2차 유통시장에서의 거래 금액의 일부가 아티스트에게 환원되는 구조가 존재하지만, 국내의 많은 아티스트에게 있어서는 그 이용에 걸림돌이 있는 것이 현실입니다. 아티스트가 아트 제작만으로 생계를 유지하는 것은 구조적으로 어려워, 젊은 아티스트를 다수 배출해 가는 데 있어서 업계 전체의 과제이기도 합니다.

그림 4-1 　전통적인 아트 에코시스템의 플레이어와 구조

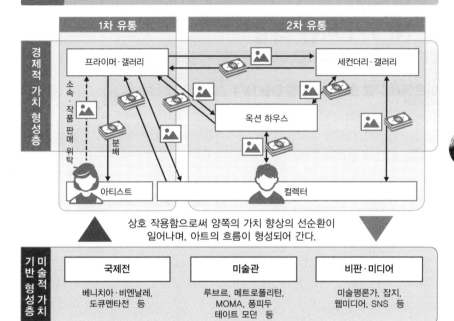

참고: 일본 문화청 『아트 시장 활성화를 통한 문화와 경제 선순환에 의한 「문화 예술 입국」의 실현을 향하여』
(URL : https://www.bunka.go.jp/seisaku/bunkashingikai/seisaku/18/pdf/93133001_02.pdf)

그림 4-2 　2차 유통시장에서 아티스트에게 대가가 환원되지 않는다

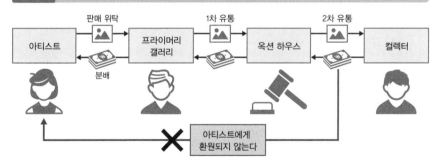

Point

✔ 전통적인 아트 에코시스템에서는 경제적 가치 형성층과 미술적 가치 기반 형성층 이 상호 작용함으로써 아트의 흐름이 만들어진다.

✔ 2차 유통 시장에서는 구매자가 지불하는 대가가 아티스트에게 환원되지 않는다.

>> 아트②
NFT가 하는 역할

아트에서 작품 증명서 역할을 하는 NFT

1-1 절에서 설명한 NFT의 「유일무이한 것이라는 가치를 부여한다」라는 특징을 아트
에 응용한 **NFT 아트**가 주목받고 있습니다. **NFT 아트란 블록체인 구조를 이용하여
발행된 NFT에 연결한 아티스트의 작품을 말합니다.** 그리고 아트에서 NFT는 아티
스트의 작품과 연결하여 작품 증명서로 역할을 담당합니다.

그림 4-3은 크리에이티브 코더인 타카오 슌스케가 제작한 『Generative masks』라
는 NFT 아트의 예입니다. 형태와 무늬 등이 다른 1만 종류의 마스크가 존재하지만,
각각의 실체는 전 세계 여기저기에 흩어져 있는 Ethereum **노드** 내의 스테이트에
기록되어 있는 고유의 토큰 ID입니다. 『Generative masks』는 그 ID에 따라 다른
이미지를 생성하는 스크립트가 브라우저에서 실행됨으로써 볼 수 있습니다. 또한,
토큰 ID를 어떤 어드레스가 보유하고 있는지에 대한 정보도 스테이트 내에 기록됩
니다.

NFT에 의해 새로운 가치가 발견되고 있는 디지털 아트

디지털 아트의 실체는 데이터이지 물체가 아닙니다. 데이터는 복제가 용이하기 때문
에 데이터로 구성된 디지털 아트는 그동안 경제적 가치가 안정되기 어렵다는 특징이
있었습니다. 그러나 NFT의 등장 이후 디지털 아트 자체는 복제할 수 있더라도 연결
된 NFT의 복제가 어렵다는 점으로 인해 **디지털 아트에 경제적인 가치를 찾는 컬렉
터가 증가하고 있습니다**(그림 4-4). 한편, 보유함으로써 한정 이벤트 참가 등의 권리
나 특전을 얻을 수 있는 타입의 NFT 아트도 주목받고 있습니다.

이러한 높은 **유틸리티성**은 디지털 아트에서 지금까지 없었던 가치이며, 컬렉터를 끌
어당기는 요소가 되고 있습니다. 이러한 상황을 바탕으로 디지털 아트를 제작하여
NFT 아트로 판매하는 것을 새로운 선택지로 여기는 아티스트가 증가하고 있습니다.

그림 4-3　NFT 아트의 구조(타카오 슌스케의 작품 예)

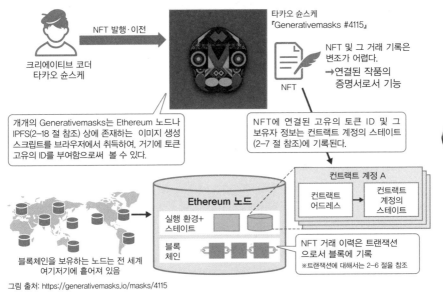

타카오 슌스케
『Generativemasks #4115』

NFT 발행·이전

크리에이티브 코더
타카오 슌스케

NFT 및 그 거래 기록은
변조가 어렵다.
→연결된 작품의
　증명서로서 기능

NFT

개개의 Generativemasks는 Ethereum 노드나
IPFS(2–18 절 참조) 상에 존재하는 이미지 생성
스크립트를 브라우저에서 취득하여, 거기에 토큰
고유의 ID를 부여함으로써 볼 수 있다.

NFT에 연결된 고유의 토큰 ID 및 그
보유자 정보는 컨트랙트 계정의 스테이트
(2–7 절 참조)에 기록된다.

컨트랙트 계정 A

컨트랙트
어드레스

컨트랙트
계정의
스테이트

Ethereum 노드

실행 환경+
스테이트

블록
체인

블록체인을 보유하는 노드는 전 세계
여기저기에 흩어져 있음

NFT 거래 이력은 트랜잭션
으로서 블록에 기록
※트랜잭션에 대해서는 2–6 절을 참조

그림 출처: https://generativemasks.io/masks/4115

그림 4-4　디지털 아트에 대한 인식의 변화

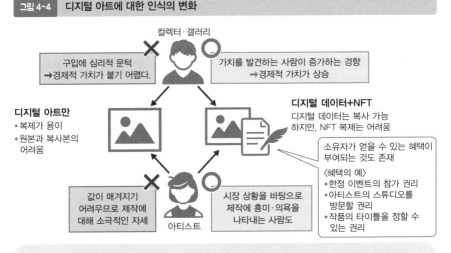

컬렉터·갤러리

✕ 구입에 심리적 문턱
→경제적 가치가 붙기 어렵다.

⭕ 가치를 발견하는 사람이 증가하는 경향
→경제적 가치가 상승

디지털 아트만
• 복제가 용이
• 원본과 복사본의
　어려움

디지털 데이터+NFT
디지털 데이터는 복사 가능
하지만, NFT 복제는 어려움

소유자가 얻을 수 있는 혜택이
부여되는 것도 존재

〈혜택의 예〉
• 한정 이벤트의 참가 권리
• 아티스트의 스튜디오를
　방문할 권리
• 작품의 타이틀을 정할 수
　있는 권리

✕ 값이 매겨지기
어려우므로 제작에
대해 소극적인 자세

⭕ 시장 상황을 바탕으로
제작에 흥미·의욕을
나타내는 사람도

아티스트

Point

✔ NFT 아트란 블록체인상에서 발행된 NFT에 연결한 아티스트의 작품을 가리킨다.

✔ NFT의 등장으로 디지털 아트에 새로운 가치를 발견하는 사람들이 많아졌다.

아트③
NFT 아트에 의한 새로운 에코시스템

NFT 아트의 비즈니스 모델

4-1 절에서 전통적인 아트 에코시스템의 2차 유통시장에서는 아티스트에게 대가가 환원되지 않는다고 했으나, NFT가 이용됨으로써 아티스트는 **2차 유통시장의 거래에서 구매자의 대가로부터 환원금을 받을 수 있게 됩니다**(그림 4-5). 구매자가 2차 판매되고 있는 NFT 아트를 구입한 경우, **스마트 계약**에 규정된 내용에 따라 거래 금액은 판매자뿐만 아니라 제작자인 아티스트에게도 분배됩니다. 이러한 구조는 아티스트의 새로운 수입원으로 주목받고 있으며, 아티스트의 작품 제작의 환경 개선, 나아가 아트 시장의 활성화로 이어질 것이 기대되고 있습니다.

또한, 지금까지 아티스트와 컬렉터를 연결하는 역할을 했던 갤러리의 영역에는 NFT 세계에서 1-10 절에서 언급한 것과 같이 마켓플레이스가 참가하고 있습니다. 마켓플레이스는 NFT 아트의 매매 기능을 사용자에게 제공하고 거래 가격에서 일정 비율을 수수료로 징수합니다.

팬 커뮤니티가 만들어내는 NFT 아트의 새로운 에코시스템

NFT 아트의 특징적인 측면으로서 **아티스트를 응원하는 온라인 팬 커뮤니티의 존재**가 있습니다. NFT 컬렉터들 사이에서는 Discord라는 서비스를 이용해 교류하는 경우가 많고, NFT 아트에 관해서도 아티스트나 작품 시리즈별 Discord 커뮤니티가 형성되어 **컬렉터가 그 커뮤니티에 모여 논의나 정보 교환하는 움직임을 볼 수 있습니다**(그림 4-6). 이것은 컬렉터 자신이 보유하는 작품의 가치를 높여 커뮤니티 전체가 활성화됨으로써 작품의 보유 경험을 최대화하고 싶은 인센티브가 작용하기 때문입니다.

이러한 움직임에 아티스트 자신이 관여함으로써 컬렉터와 긴밀히 연결된다는 점은 갤러리가 아티스트를 프로모션하는 것이 주류였던 기존 방식에 비해 아티스트에게 있어 큰 매력으로 다가옵니다.

그림 4-5 **NFT 아트로 아티스트에게 수익 환원**

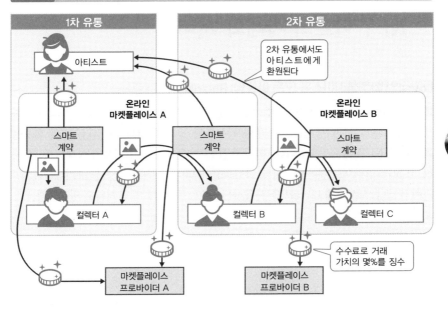

그림 4-6 **Discord를 이용한 팬커뮤니티의 예**

Point

✔ NFT 아트로 아티스트는 2차 유통에서 수익을 얻을 수 있다.

✔ NFT 아트의 컬렉터 간에는 Discord 등을 이용한 팬 커뮤니티 내에서 교류 · 의논 · 정보 교환이 활발하게 이뤄지고 있다.

≫ 아트④
NFT 아트의 사례와 서비스

독자적인 마켓플레이스를 만든 아트팀: Rhizomatiks

Rhizomatiks(라이조매틱스, 현 Abstract Engine)사는 선진적인 기술을 구사한 미디어 아트 작품의 제작을 중심으로 활동하는 크리에이티브 팀입니다. 이 회사는 2021년 NFT의 세계적인 열기에 앞장서 NFT 아트의 조사·제작에 착수하여, 2021년 6월에 3인조 일본의 음악 유닛 "Perfume"의 상징적인 포즈를 3D 데이터화한 NFT 아트를 발매했습니다(그림 4-7).

이 회사의 노력에서 특징적인 점은 작품을 NFT화 할 뿐만 아니라, NFT 아트를 사고파는 **독자적인 마켓플레이스**를 만든 것입니다. 이것은 NFT 아트 구매자에게 적용되는 규약이나 규정을 아티스트 자신이 세밀하게 정할 수 있는 장점이 있어, 현대 미술가 Damien Hirst 등 세계적인 유명 아티스트도 비슷한 움직임을 보이고 있습니다.

NFT 아트를 전시하는 공간을 제시하는 서비스: oncyber

oncyber는 **온라인상에 사용자가 NFT 작품의 전시 공간을 제공할 수 있는** 서비스입니다. 아티스트나 컬렉터는 oncyber에서 **NFT 아트 전시 공간**을 작성하고, 보유한 NFT 아트를 전시할 수 있습니다(그림 4-8). 작성된 전시 공간은 URL 기반으로 널리 공유 가능한 것 외에, 브라우저에서 누구나 무료로 접근할 수 있고, VR 고글과 키보드 조작으로 공간 내를 이동하면서 NFT 아트를 감상할 수 있습니다. 또한, 전시 공간 내에서 작품에 접근하면 작품의 상세를 볼 수 있으며 그대로 화면 조작으로 마켓플레이스로부터 NFT 아트를 구입할 수도 있습니다.

앞으로 전통적인 아트 에코시스템에서 갤러리가 NFT 아트를 큐레이션하고 전시하는 도구로 oncyber와 같은 서비스가 보급되면 많은 사람들이 우수한 NFT 아트에 접근할 수 있는 기반이 마련되고, 각각의 NFT 아트에 대한 해석과 비평이 정해지는 등, NFT 아트의 미술적 가치의 향상으로 이어지는 움직임으로 발전해 나갈 것으로 기대됩니다.

그림 4-7   Rhizomatiks사의 독자적인 마켓플레이스와 NFT 아트의 예

Rhizomatiks사의 독자적인 NFT 마켓플레이스「NFT Experiment https://nft.rhizomatiks.com/」에서 릴리스된, Perfume 최초의 NFT 아트인「Imaginary Museum "Time Warp"」. 안무 연출가 MIKIKO가 만든 안무 중에 Perfume 3명의 상징적 포즈가 3D 데이터화되어 NFT 아트로 판매되었다.

그림 4-8   oncyber를 이용한 NFT 아트의 온라인 전시 공간의 예

익명의 NFT 컬렉터인 Vincent Van Dough가 oncyber를 이용해 작성한 NFT 아트 전시 공간
「The Vincent Van Dough Gallery https://oncyber.io/vvd」
이미지의 좌표가 포함된 URL: https://oncyber.io/vvd?coords=2.47x3.14x54.50x0.03

Point

✔ 아티스트가 독자적인 마켓플레이스를 만드는 움직임을 볼 수 있다.

✔ NFT 아트의 온라인 전시 공간을 작성할 수 있는 서비스가 주목받고 있다.

» 아트⑤
NFT 아트의 과제와 앞으로의 전망

가짜 NFT 아트로 인한 아티스트의 권리 침해

NFT 아트의 세계에서는 아티스트가 제작한 원본 작품의 이미지 도용으로 가짜 **NFT 아트**가 악의를 가진 사람에 의해 무단으로 작성되는 것을 막을 수단이 없는 문제가 생기고 있습니다. 아티스트는 자신의 작품을 세상에 알리기 위해 불특정 다수의 사람에게 작품을 공개해야 합니다. 한편, NFT는 이미지 데이터가 있으면 누구나 발행할 수 있기 때문에 아티스트가 권리 침해를 입기 쉬운 상황이 되고 있습니다. 그 문제에 대응해 나가려면 **NFT 아트 구매자가 거래 실행 전에 대상 작품이 도용된 것이 아님을 판단하기 쉬운 구조를 갖추어야 합니다**(그림 4-9).

디지털 콘텐츠에 대해서는 광고대행사나 미디어 기업 등으로 구성되는 일반 사단법인이 크리에이터 기업의 계정의 인증을 행하고, 사용자에게 공표하는 서비스가 검토되고 있습니다. NFT 아트의 세계에서도 아티스트의 계정 인증 서비스 제공 등을 염두에 두는 구조가 정비될 것으로 기대됩니다.

NFT가 아트 업계에 가져온 영향과 앞으로의 전망

아트 분야에서의 NFT는 그동안 어려웠던 디지털 아트의 경제적 가치의 평가를 가능하게 하고, 그로 인해 아티스트에게 "정당한" 수익 기반을 제공하고 있다고 할 수 있습니다. 게다가 지금까지 아트를 접할 기회가 적었던 잠재적 구매층을 그 어느 때 이상으로 끌어들여 거래를 활발히 하고 있으며, 전통적인 아트의 에코시스템과 다른 **NFT 아트 에코시스템**을 창출하고 있다고도 할 수 있습니다. 한편, Pace Gallery와 같은 전통적인 메가 갤러리가 NFT 아트에 이해를 표하고 NFT 아트의 제작을 희망하는 아티스트를 지원하는 등, 양쪽 에코시스템의 상호 연계도 보이기 시작했습니다 (그림 4-10). **앞으로 양쪽 에코시스템의 새로운 상호 연계가 실현됨으로써 아트 업계 전체의 확대와 발전이 기대됩니다.**

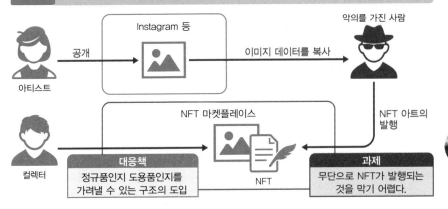

그림 4-9 가짜 NFT 아트에 관한 과제와 대응책

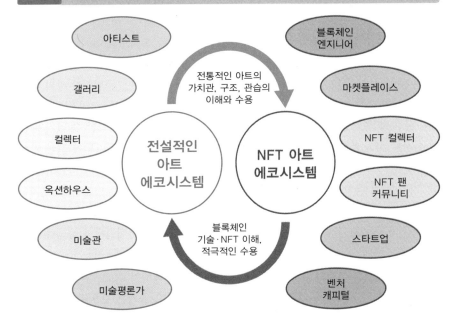

그림 4-10 전통적인 아트 에코시스템과 NFT 아트 에코시스템

Point

✔ 가짜 NFT 아트로 인한 권리 침해에 대응하는 구조를 만들어야 한다.

✔ 전통적인 아트 에코시스템과 NFT 아트 에코시스템의 상호 연계로 아트 업계 전체의 발전이 기대된다.

>> 스포츠①
스포츠와 트레이딩 카드

트레이딩 카드의 역사는 19세기부터 〰〰〰〰〰〰〰〰〰〰〰〰〰〰〰〰〰〰

트레이딩 카드는 영어권에서는 「컬렉터블 카드」(Collectable Card, 수집카드)라고
도 부릅니다. 종이매체의 트레이딩 카드의 역사는 오래되었으며, 19세기 후반에 담
배 판매 촉진을 위해 동봉된 시가렛 카드가 시작이라고 하며, 스포츠는 당시부터 인
기가 많은 장르였습니다. 현재 골프, 야구, 축구 등 다양한 스포츠의 트레이딩 카드
가 전 세계에서 발매되고 있습니다(그림 4-11).

판매 촉진을 목적으로 한 덤카드는 지금도 계속되고 있지만, 카드 자체의 단독 발행
도 이루어지고 있습니다. 또한 팬심을 자극하기 위해 레어 카드나 친필 사인, 한정
판매 등으로 희소성을 높이거나 카드를 랜덤으로 넣어서 모든 종류를 쉽게 모을 수
없게 하는 것 등이 있습니다. 팬은 기본적으로는 **수집**을 목적으로 하지만, **2차 유통**
도 널리 이뤄지고 있어 매우 희귀한 카드의 경우 아주 비싼 금액으로 거래되기도 합
니다.

디지털 매체의 등장 〰〰〰〰〰〰〰〰〰〰〰〰〰〰〰〰〰〰〰〰〰〰〰〰〰〰〰〰

트레이딩 카드의 발행은 **종이 매체**에서 시작하여 최근 정지 화상이나 영상 등의 **디
지털 매체**가 추가되었습니다. 종이 매체의 경우 발행 및 유통에 돈과 시간이 들지
만, 디지털 매체는 그 제약이 적고, 한층 더 글로벌하게 전개할 수 있습니다. 디지털
트레이딩 카드는 발급 플랫폼이 제공하는 전용 앱 등에서도 쉽게 구입할 수 있습니
다. 또한, 팬이 팀이나 선수를 직접적으로 지원할 수 있는 서비스도 있습니다(그림
4-12).

또 디지털 매체는 복제가 용이하기 때문에 해적판이 횡행하기 쉽고, 발행자에게는 2
차 유통의 장점도 적어서 **기본적으로는 개인이 수집하고 즐기는 것으로 자리매김하
여 서비스가 제공되고 있으며, 2차 유통은 한정되어 있습니다.**

그림 4-11 종이 매체의 트레이딩 카드

손흥민 선수의 트레이딩 카드
출처: 이베이 사이트(https://www.ebay.com)

그림 4-12 디지털 매체의 트레이딩 카드

스마트폰이나 PC에서 이용   카드팩 화면

출처: 주식회사 ventus "「전자 트레이딩카드」로 스포츠팀과 팬을 잇는 whooop!"
(URL: https://prtimes.jp/main/html/rd/p/000000006.000033437.html)

Point

✔ 트레이딩 카드는 주로 수집 목적으로 거래된다.

✔ 종이 매체의 카드는 2차 유통이 이루어지고 있다.

✔ 디지털 매체의 카드는 복제 방지 등을 위해 2차 유통이 제한되고 있다.

≫ 스포츠②
스포츠에서의 NFT

스포츠에서의 NFT 활용 ///

NFT 스포츠는 미국 프로농구(NBA)의 디지털카드 「NBA Top Shot」이 2020년에 NFT로 발행되면서 큰 매출을 기록해서 주목을 받았습니다. 미국 메이저리그 야구 (그림 4-13)에 소속된 선수의 NFT나 축구에서는 리오넬 메시의 NFT 등도 판매되고 있습니다. 메타버스상의 아바타를 착용할 수 있는 유명 선수와 콜라보한 「NFT 웨어러블」 등도 있습니다. 또 「판타지 스포츠」라 불리는 경기 연동형 게임에 NFT를 이용하는 서비스도 등장하고 있습니다.

해외에서는 NFT 스포츠의 랜덤형 판매나 2차 유통이 이뤄지기도 하지만, 한국에서는 **도박죄에 해당할 수 있어서 서비스 제공이** 제한되고 있습니다.

NFT 스포츠의 분류 ///

NFT 스포츠는 ❶ 컬렉션(모은다), ❷게임(겨룬다), ❸팬 인게이지먼트(모이다) 3가지로 분류할 수 있습니다(그림 4-14). ❶컬렉션은 이전부터의 트레이딩 카드와 마찬가지로 수집을 목적으로 하는 것으로, 「NBA Top Shot」 등이 이 부류입니다. 팬은 구입한 카드를 즐기거나 보여주거나 교환할 수 있습니다. ❷게임은 「판타지 스포츠」라는 분야이며, 게임 참가자는 선수 카드를 선택해 팀을 만들고, 게임 내의 선수가 실제 시합에서 활약하면 점수를 획득할 수 있습니다. ❸팬 인게이지먼트는 팬과의 접점을 늘리거나 애착을 갖게 하기 위해 NFT를 활용하는 구조입니다.

팬 커뮤니티가 팀 운영에 관여할 수 있거나 실시간 경기를 컨트롤할 수 있는 서비스 등도 등장하고 있습니다. NFT는 「팬 비즈니스」와 궁합이 좋으므로 앞으로의 확대가 기대됩니다.

그림 4-13   NFT 스포츠 카드의 발행

메이저리그 야구(MLB)
팬 용 NFT 컬렉터블
플랫폼

〈2022년도 판〉
• 1팩에 5개의 NFT
• 720명의 선수를 포함
• 각각의 선수에게 여러 종류의 버전 및
  희귀도가 갖추어져 있다.
• 서비스 제공자가 전개하는 공식
  재판매 시장에서 출품 및 판매할 수
  있다.

출처: 「2022년 5월 2일자 Fanatics사 보도자료」
    (URL: https://prtimes.jp/main/html/rd/p/000000055.000030862.html)
© 2022 MLB

그림 4-14   NFT 스포츠의 분류와 사례

❶ 컬렉션(모은다)

정지 영상	동영상	웨어러블
Topps MLB NFT (야구)	NBA Top Shot (농구)	Genesis Curry Flow NFT (스니커즈)
The Messiverse (축구)	PLAYBACK 9 (야구)	

❷ 게임(겨룬다)

실시간 연동	
Sorare (축구)	PICKFIVE (농구)

❸ 팬 인게이지먼트(모인다)

실제 연동	실시간 연동
호주 오픈 테니스	Fan Controlled Football (실내 미식축구)

Point

✔ NFT 스포츠는 「NBA Top Shot」의 히트로 주목받았다.

✔ 한국에서는 랜덤형 판매나 2차 유통에 관한 법적인 과제가 남아 있다.

✔ NFT의 활용은 게임이나 팬 인게이지먼트로 확대되고 있다.

≫ 스포츠③
NFT 스포츠의 구조

NFT 스포츠 카드의 비즈니스 모델 //

이 절에서는 『NBA Top Shot』을 예로 들어 설명합니다(그림 4-15). 『NBA Top Shot』은 NFT 동영상 디지털 카드입니다. 이 NFT는 공식 웹사이트 팩(구입할 때까지 내용을 알 수 없는 여러 개의 카드가 동봉된 것)이 발행되었을 때, 신용카드나 일부 암호 화폐로 구입할 수 있습니다. **NFT 매출은 운영사 및 NBA의 수익이 됩니다.** 또, **마켓플레이스**(재판매 시장)에 출품되어 있는 NFT는 **언제든지 구입할 수 있으며, 보유한 NFT를 출품·진매할 수도 있습니다.** 마켓플레이스에서의 매출에는 수수료가 들고, 이들도 운영사 및 NBA의 수익이 됩니다.

이 NFT의 블록체인은 이더리움이 아닌 운영자가 개발한 플로우(Flow)를 이용하고 있습니다. 이것은 이더리움을 이용할 때 발생하는 높은 수수료(가스비)를 억제하기 위해서입니다.

NFT 스포츠 게임의 특징과 과제 //

NFT 스포츠 게임의 특징은 **실제 연동**이라는 것입니다. 판타지 스포츠라 부르는 경기 결과에 연동되는 게임이 있는데, 이것에 NFT를 적용한 것이 NFT 스포츠 게임입니다. 예를 들어 『Sorare』에서는 현실 세계에서 활약하고 있는 선수의 NFT 카드를 사용합니다(그림 4-16). 게임 참가자는 선수 카드를 모아서 팀을 편성하고, 토너먼트를 선택하고 참가합니다. 팀 내 선수가 실제 경기에서 활약하면 점수를 얻을 수 있습니다. 토너먼트에 따라서는 성적 상위에 들어간 사용자에게 **카드 등의 상품 및 암호 화폐가 상금으로 수여됩니다.**

해외에서 판타지 스포츠는 인기가 있고 시장 규모도 큽니다. 그러나 한국에서는 실제 경기 데이터를 점수로 환산해 상금을 수여하는 방식이 불가능하고, 규제가 있어서 판타지 스포츠가 정착되지는 않았습니다. NFT 스포츠 게임을 포함하여 이 분야를 발전시키려면 규제 완화와 법 정비가 필요합니다.

그림 4-15 NFT 스포츠 카드 『NBA Top Shot』의 발행과 거래

미국 프로 농구 리그(NBA) 팬용 NFT 컬렉터블 플랫폼

• 150만명 이상의 사용자가 이용
• NBA 선수의 플레이 동영상을 저장
• 패키지에 따라 가격이 다르다.
  (베이스 세트, 프리미엄 팩 등)
• 서비스 제공자가 전개하는 공식 재판매 시장에서 출품이나 전매를 할 수 있다.
• 귀중한 NFT는 고액에 거래되고 있다.

출처: https://nbatopshot.com/press, "NBA Top Shot Press Logo_Collectibles"
© Dapper Labs, Inc.

그림 4-16 NFT 스포츠 게임 『Sorare』의 플레이 방법

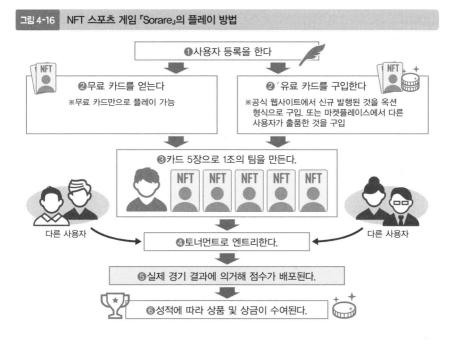

❶사용자 등록을 한다

❷무료 카드를 얻는다
※무료 카드만으로 플레이 가능

❷´유료 카드를 구입한다
※공식 웹사이트에서 신규 발행된 것을 옥션 형식으로 구입. 또는 마켓플레이스에서 다른 사용자가 출품한 것을 구입

❸카드 5장으로 1조의 팀을 만든다.

다른 사용자

❹토너먼트로 엔트리한다.

다른 사용자

❺실제 경기 결과에 의거해 점수가 배포된다.

❻성적에 따라 상품 및 상금이 수여된다.

Point
✔ 운영 회사는 NFT 발행과 2차 유통 수수료로 수익을 얻는다.
✔ 마켓플레이스에서 NFT의 2차 유통이 이루어지고 있다.
✔ NFT 스포츠 게임은 실제 연동으로 상품과 상금을 획득할 수 있다.

» 스포츠④
NFT 스포츠의 미래와 과제

NFT 스포츠의 미래

NFT는 「팬 비즈니스」와 궁합이 좋기 때문에 **NFT 스포츠에서도 팬 커뮤니티를 지속적으로 키우고 발전시키는 것이 중요합니다.** 그로 인해 팬, 클럽/팀, 플랫폼 3자가 지속적으로 이익을 누릴 수 있습니다.

현재의 NFT 스포츠는 이전부터의 NFT를 이용하지 않는 디지털 비즈니스와 같은 영역에 머물러 있는 것이 많지만, 선구적인 사례도 나오고 있습니다. 예를 들어 호주 오픈 테니스에서는 메타버스나 인터넷에서 이벤트를 개최하고, 테니스 코트를 세분화한 NFT를 발행했습니다(그림 4-17).

호주 오픈의 경기와 **실제로 연동**되어 있으며 위닝샷이 그 구획에 들어맞은 경우는 NFT 소유자에게 특별한 선물이 주어집니다. 또한 『Fan Controlled Football』은 실내 미식축구의 팬 커뮤니티 형성에 NFT를 이용하고 있으며, 이 역시 실제 연동이 가능합니다. NFT 소유자가 팀 운영에 관여할 수 있는 서비스 및 실시간으로 경기를 컨트롤할 수 있는 서비스 등을 제공하고 있습니다.

NFT 스포츠의 과제

NFT 스포츠 카드의 랜덤형 판매나 2차 유통, 또한 게임 결과로 상금을 분배하는 경우에 따라서는 위법에 해당할 수 있기 때문에 **법 규제나 가이드라인 등의 정비를 진행하는 것**이 중요합니다(그림 4-18).

또한, 구입한 NFT의 이용 및 전매 등은 구매 시의 플랫폼 내로 국한되는 경우가 많기 때문에 구입자는 제약 조건을 잘 확인해야 합니다. NFT의 이용 범위 확대와 가치 향상을 위한 플랫폼 간의 상호성을 높이는 논의는 있었지만, 비즈니스적으로도 기술적으로도 과제가 있습니다. 그것들을 극복하고, 폐쇄적이 아닌 **개방화**로 진행함으로써 NFT 스포츠 전체가 발전할 것이 기대됩니다.

그림 4-17   호주 오픈 테니스(AO)의 NFT 활용

❶ 「AO Art Ball」을 NFT화(디지털 이미지, 6,776종)
❷ 개개의 NFT는 테니스 코트를 19cm×19cm로 분할한 구획에 대응
❸ AO 개최에 맞추어 메타버스 및 인터넷에서 이벤트를 실시. 개최 4일 전에 NFT를 판매
❹ 실제 경기의 위닝샷이 착지한 구획의 NFT 보유자에게 선물을 제공. 결승전 위닝샷의 경우,
   실제 공을 특별 주문한 케이스에 넣어서 제공

출처: "AO launches into Metaverse, serves up world-first NFT art collection linked to live match data" TENNIS AUSTRALIA(URL:
https://ausopen.com/articles/news/ao-launches-metaverse-serves-worldfirst-nft-art-collection-linked-live-match-data)

그림 4-18   법 규제와 가이드라인

정책 제의	가이드라인
NFT 백서(안)	**NFT 비즈니스에 관한 가이드라인**
•국가전략 수립·추진체제 구축 •NFT 비즈니스 발전에 필요한 시책 •콘텐츠 홀더의 권리 보호에 필요한 시책 •이용자 보호에 필요한 시책 •NFT 비즈니스를 지탱하는 BC 에코 시스템의 건전한 육성에 필요한 시책 •사회적 법익 보호에 필요한 시책	•NFT의 유스케이스 •NFT의 법적 성질 •도박 •부당 경품류 및 부당 표시 방지법 •익명성과 프라이버시 •보안 •사용자 보호 •신규 NFT 취급 •NFT를 발행·취급하는 사업자가 유의해야 할 점

도박죄에 관한 기술

법 규제

출처: 자민당 디지털 사회추진 본부 NFT 정책 검토 PT "NFT 백서(안) 웹 3.0 시대를 내다본 나라의 NFT 전략(개요판)"
(URL: https://www.taira-m.jp/NFT백서안20220330_개요판.pdf)
일반 사단법인 일본 암호 자산 비즈니스 협회 "NFT 비즈니스에 관한 가이드라인 제2판"(URL: https://cryptocurr ency-association.org/cms2017/wp-content/uploads/2022/03/JCBA_NFTguidline_v2.pdf)

Point
✔ NFT는 팬 비즈니스 형성에 유용한 도구이다.
✔ 실제 연동이나 팬 관여 등, 새로운 구조에서의 NFT 활용이 기대된다.
✔ 법 규제 등의 정비와 NFT의 개방화가 발전의 열쇠이다.

≫ 게임①
온라인 게임의 비즈니스와 과제

온라인 게임의 비즈니스 모델

인터넷 보급으로 온라인 게임을 즐기는 사용자 인구가 증가하고 있습니다. 온라인 게임이란 여러 플레이어가 인터넷을 통해 동시에 참여하여 플레이하는 게임을 말하는데, 최근에는 e 스포츠의 인기와도 맞물려 나날이 시장이 확대되고 있습니다. 온라인 게임에 채용되는 대표적인 비즈니스 모델로, 기본적인 서비스는 무료로 제공하고 고급 기능에 대해서는 요금을 부과하는 프리미엄 모델의 특징은 정액 과금제가 아닌 디지털 재화 과금제를 채용한다는 점입니다.

디지털 재화란 게임 내에 있는 판매소에서 구입할 수 있는 게임 내 통화 및 아이템 등을 가리킵니다. 많은 온라인 게임에서 사용자는 더욱 긴 시간 게임을 즐기고 싶다, 더욱 편하게 게임을 공략하고 싶다, 시간 게임을 즐기고 싶다, 보다 편하게 게임을 공략하고 싶다 등과 같은 생각이 들 때 필요에 따라 디지털 재화를 구매하는 구조로 되어 있습니다.

온라인 게임 내의 디지털 자산에 관한 과제

온라인 게임에서 사용자 간에 현금과 아이템 등의 디지털 자산을 교환하는 행위가 게임 밖에서 이뤄질 수 있습니다. 이것은 **Real Money Trading**(RMT)이라고 하며, 많은 게임 개발·운영 회사가 사용자 보호의 관점에서 이용 약관으로 금지하는 행위입니다. 그럼에도 불구하고 **일부 사용자가 RMT를 행하여, 사기나 문제를 겪는 피해가 나날이 발생하고 있어,** 게임 업계의 과제가 되고 있습니다(그림 4-20).

또한 온라인 게임은 디지털 재화를 포함한 게임 데이터 관리에 운영 회사의 서버를 사용합니다. 게임 운영 회사가 도산 등으로 게임 서비스를 종료할 수밖에 없게 된 경우는 **디지털 재화를 관리하고 있는 서버가 정지되어 사용자의 수중에는 아무것도 남지 않고, 사용자가 디지털 재화의 구입에 쓴 금전과 노력은 물거품이 됩니다**(그림 4-21). 그러한 제약은 온라인 게임 시장의 확대를 저해하는 요인이라고 할 수 있습니다.

그림 4-19 온라인 게임에서의 프리미엄 모델

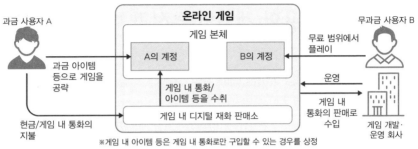

※게임 내 아이템 등은 게임 내 통화로만 구입할 수 있는 경우를 상정

그림 4-20 온라인 게임에서의 RMT

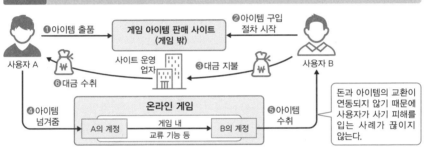

그림 4-21 온라인 게임이 서비스를 종료하는 케이스

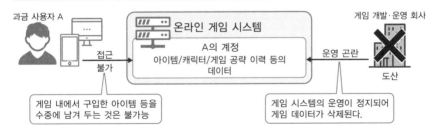

Point

- ✔ 온라인 게임은 디지털 재화 과금형 프리미엄 모델을 채용하고, 게임 내 아이템 등을 판매하는 경우가 많다.
- ✔ Real Money Trading에 의한 사기 피해가 나날이 발생하고 있다.
- ✔ 게임 내의 디지털 재화는 운영자의 서버에서 관리되고 있어 게임을 종료하면 접근이 불가능하며, 사용자의 손실이 된다.

》게임②
NFT를 이용한 게임의 특징과 비즈니스 모델

NFT에 의해 안전한 게임 아이템 매매 가능

블록체인 기술을 온라인 게임에 접목한 블록체인 게임(BCG)이 주목받고 있습니다. BCG 중에서도 NFT의「유일무이한 것이라는 가치를 부여한다」는 특징을 아이템 등의 디지털 재화에 응용하는 패턴이 많습니다. 예를 들어 BCG 개발사는 다양한 속성을 가진 NFT 아이템을 발행해 사용자에게 판매합니다(그림 4-22).

사용자는 NFT 아이템을 구입하고, 게임 내 과제를 클리어하기 위해 NFT 아이템을 이용하는 것 외에 어떤 NFT 아이템을 준비해야 더욱 편하게 과제를 클리어할 수 있는지 분석하고, 전략을 세워서 실행하는 과정을 즐깁니다.

또한, NFT는 스마트 계약을 활용하여 사용자 간에 매매를 쉽고 안전하게 할 수 있기 때문에 BCG에서는 **디지털 재화의 매매를 중심으로 한 게임 설계가 이뤄진다**는 점이 기존 게임과의 차이라고 할 수 있습니다. 더불어 NFT를 다른 기업이 개발한 게임에서도 이용 가능하게 함으로써 아이템 등의 이용·유통 범위를 확장할 수 있다는 점도 NFT를 이용한 BCG의 특징입니다.

NFT가 가져온 게임의 새로운 비즈니스 모델

BCG에는 속성이 다른 NFT를 활용하여 과제를 클리어함으로써 어떤 방법으로 효율적으로 게임 내 통화를 획득할 수 있는가를 겨루는 타입이 있습니다. 이 게임 내 통화는 게임 운영 회사가 블록체인을 사용하여 발행한 자체 토큰이며, 거래소에서 ETH 등과 교환할 수 있게 되어 있는 경우가 있습니다. 이렇게 **게임을 플레이하면 수입을 얻을 수 있는 구조**를 Play to Earn(P2E)이라고 하며, NFT를 활용한 새로운 비즈니스 모델로 주목받고 있습니다(그림 4-23).

또한, 게임의 특성상, 과제를 해결하기 위해서는 상응하는 시간이 필요한 경우가 많기 때문에 NFT를 다른 사람에게 빌려주고 게임 홍보를 대행시켜 얻은 수익을 자신과 대행자로 분배하는 **스칼라십**이라는 움직임도 보이는 등, NFT를 이용한 BCG에 의한 새로운 에코시스템이 급격히 확대되고 있습니다.

그림 4-22 BCG 개발 회사에 의한 NFT 아이템 발행과 사용자의 이용

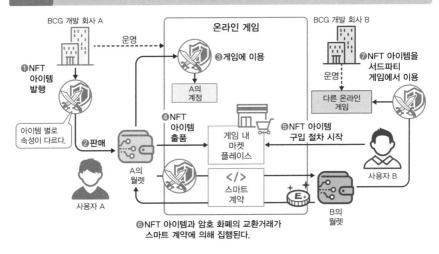

그림 4-23 Play to Earn 모델의 전체상

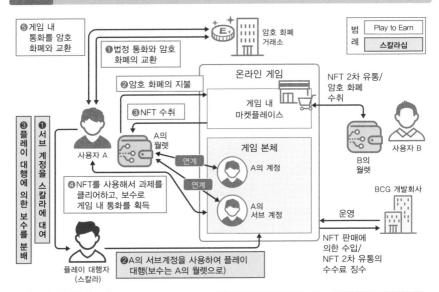

Point

✔ NFT를 이용한 게임에서는 디지털 재화 등의 매매를 중심으로 한 설계가 이뤄진다.

✔ NFT를 이용하여 게임을 플레이하고 수입을 얻는 비즈니스가 주목받고 있다.

>> 게임③
NFT를 이용한 게임의 사례

NFT 게임의 사례 「Axie Infinity」 //

이전 절에서 언급한 「Play to Earn」이라는 모델을 만들어 내고, 2021년 12월에는 하루 활성 사용자 수가 280만 명 가까이 된다고 알려져 눈길을 끈 BCG로 베트남의 SkyMavis사가 개발한 『Axie Infinity(엑시인피니티)』가 있습니다(그림 4-24). 사용자는 「엑시」라고 하는 NFT 캐릭터를 구입하여 상대와 배틀을 즐깁니다. 배틀에 승리하면 얻는 자체 토큰은 거래소에서 암호 화폐로 교환할 수 있기 때문에 사용자는 유리하게 배틀을 진행하도록 노력을 기울입니다.

『Axie Infinity』에서도 다른 사람에게 플레이를 대행시키는 스칼라십이 존재하며, 필리핀 등 신흥국에서는 초기 투자가 필요 없는 노동 수입으로 인기를 끌었습니다. 또 『Axie Infinity』에서 획득할 수 있는 자체 토큰을 취급하는 거래소는 한국에서는 빗썸, 업비트, 코빗 등이 있습니다

NFT 게임의 사례 「STEPN」 //

Play to Earn 외에 사용자가 이동함으로써 수입을 얻을 수 있는 「Move to Earn」이라는 콘셉트를 내건 BCG로 『STEPN(스테픈)』이 있습니다(그림 4-25). 사용자는 NFT 운동화를 스마트폰 앱에서 구입하고, 앱을 켠 채 걷거나 달리면 GPS 시그널에 기반한 이동 속도 및 NFT 스니커즈의 파라미터 설정에 따른 자체 토큰을 얻을 수 있습니다. 자체 토큰은 거래소에서 암호 화폐와 교환할 수 있으므로 『STEPN』은 이동하는 것이 수입이 되는 서비스라고 할 수 있습니다.

이러한 **NFT를** 사용한 사용자의 어떤 행동에 대한 대가로 거래소에 상장된 자체 토**큰을 지불**하는 「X to Earn」이라고 하는 비즈니스 모델을 포함한 서비스군이 최근 증가하기 시작하는 한편, 운영 자금을 나중에 참가하는 신규 사용자에게 의존하는 구도를 취하는 것에 대해 비판하는 목소리도 있습니다.

그림 4-24 「Axie Infinity」에서 「엑시」의 배틀 장면

- 「Axie Infinity」는 「엑시」라고 부르는 NFT 캐릭터를 사용해서 겨루는 턴제 배틀게임
- 공격해서 상대방의 머리 위에 떠오르는 헬스를 0으로 하면 배틀에서 승리할 수 있다.
출처: AXIE.TECH(URL: https://welcome.axie.tech/new-players)

그림 4-25 「STEPN」 내에서 구입하는 NFT 스니커즈

- 개발·운영은 호주를 거점으로 하는 Find Satoshi Lab사
- 2022년 5월 당시 하루의 활성 사용자 수는 약 53만 명을 기록
출처: STEPN(URL: https://stepn.com)

Point
✔ 「Axie Infinity」는 「Play to Earn」 모델을 확립한 게임으로 많은 주목을 끌었다.
✔ 「STEPN」 등 「X to Earn」을 내세운 NFT 게임이 대두되고 있다.

» 게임④
NFT를 이용한 게임의 과제와 앞으로의 전망

NFT를 이용한 게임은 법제면의 고려를 신중하게

BCG는 NFT를 이용하여 이제까지 없던 게임 경험을 사용자에게 제공하는데, 새로운 기술을 사용할 때 항상 따라다니며 **법제면에서의 고려를 신중하게 행해야 합니다**(그림 4-26). 예를 들어 NFT 외에 자체 토큰을 발행하고 게임 내 통화로 하는 설계는 경우에 따라서는 자금결제법의 규제 대상이 됩니다. 또한, 이른바 **'확률형 아이템'** 등으로 인해 시장 가치의 높고 낮음이 불분명한 NFT를 사용자가 얻을 가능성이 있는 게임 설계는 도박죄에 해당하지 않는지 살펴보는 것이 필요합니다. 그리고 기업이 사용자에게 NFT를 무료 배포하는 캠페인은 경품표시법을 근거로 하여 사용자의 오인을 방지해야 합니다.

앞으로는 이러한 법제면의 과제 해결을 게임에 NFT를 도입하려고 생각하는 기업에게 원활하게 행하게 하기 위한 대책으로 법적인 그레이 존에 대한 관계부처의 견해의 명확화 및 기업이 참조해야 하는 가이드라인의 지속적인 갱신이 요구됩니다(역주: 위의 자금결제법, 경품표시법은 일본에서 시행되고 있는 법명으로 한국과는 차이가 있을 수 있으나, 맥락을 이해하는 정도로 참고하기 바랍니다).

NFTx 인기 IP에 의한 게임 업계의 향후 전망

NFT를 이용한 BCG는 법제면에서의 고려 등 과제가 많은 한편, NFT를 다루는 다른 분야에 앞서 서비스가 나날이 창출되고 그 사용자 수도 늘어나고 있으며, 앞으로도 시장이 확대될 가능성이 높다고 예상됩니다(그림 4-27). 현재의 BCG는 온라인 게임 시장을 중심으로 신작 타이틀이 개발되고 있으나, 향후 NFT에 관한 법 정비가 진행되어 NFT의 인지도가 향상되면 화제의 타이틀로부터 인기 IP(Intellectual Property)가 탄생할 수도 있습니다. 한편, 게임은 컨슈머 게임으로부터 창출된 다수의 인기 IP를 브랜드화 시키는 힘을 무기로 게임의 온라인화를 진행해 나가는 흐름이 있습니다. 앞으로 양쪽의 움직임이 교차하는 부분에서 NFT를 이용한 새로운 인기 BCG가 등장하여 게임 업계가 한층 더 발전해 나갈 것으로 예상됩니다.

그림 4-26   NFT를 이용한 게임에서 고려해야 할 법제의 예

법제(죄명)	적합성에 관한 사고방식의 예
자금 결제법	게임 아이템을 NFT로 발행하여 사용자에게 판매한다. → NFT는 자금결제법상의 암호 화폐에 해당하지 않음 NFT를 사용한 사용자의 어떤 행동의 대가로 지불하는 자체 토큰을 발행하고, 그 자체 토큰이 ETH 등의 암호 화폐로 상호 교환 가능하도록 암호 화폐 거래소에 상장시킨다. → 자체 토큰은 자금결제법상 암호 화폐에 해당하므로 기업에서 취급하는 데 있어서는 암호 화폐 교환 업자로서 등록이 필요
형법 (도박죄)	사용자에게 시장 가격이나 가치의 높고 낮음이 불분명한 NFT를 얻을 수 있는 확률형 아이템을 구입시키며, 사용자가 지불한 대가보다 시장 가격이나 가치가 낮은 NFT를 사용자가 손에 넣을 가능성이 있는 기능을 제공한다. → 형법 185조 도박죄에 해당할 수 있다.
경품 표시법	신규 사용자 획득을 위해 게임 아이템으로 발행한 NFT를 무료로 배포하는 캠페인을 시행한다. → NFT는 경품표시법상의 경품류에 해당할 수 있다.

*역주: 일본의 법제명으로 한국과는 차이가 있을 수 있습니다. 맥락 이해 정도로 활용해 주세요.

그림 4-27   NFT를 이용한 게임의 향후 전개 이미지

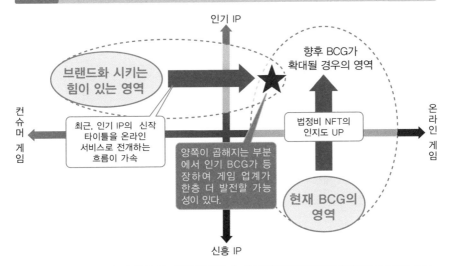

✔ NFT를 이용한 게임은 법제면의 고려를 신중하게 행할 필요가 있다.

✔ NFT× IP로 게임 업계의 한층 더 발전이 예상된다.

Point

>> 패션①
기존 비즈니스 모델

확대되는 디지털 패션 업계 //

NFT는 디지털 데이터에 희소성을 가져오는 것입니다. 따라서 우리가 지금 입고 있는 옷과 같은 실제 패션보다도 **디지털 패션**과의 친화성이 높다고 할 수 있습니다. 그래서 우선은 기존 디지털 패션의 세계에 대해서 알아봅시다.

최근 디지털 패션 업계가 크게 활기를 띠고 있습니다. 디지털 패션에는 크게 두 가지 분야가 있습니다. 하나는 Instagram 등의 SNS 게시를 목적으로 한 디지털 패션입니다(그림 4-28). 예를 들면, 디지털 패션 스토어 「DressX(드레스엑스)」는 사이트 상에서 디지털 패션을 구입한 후, 자신의 사진 데이터를 송부하면 며칠 후 그 의상과 자신의 사진을 합성하여 다시 보내주는 서비스를 제공하고 있습니다. 현실 세계에서는 실현하기 어려운 디자인이라도 표현할 수 있는 것이 특징입니다.

또 다른 하나는 온라인 게임이나 메타버스 공간 등에서 아바타 스킨이라고 하는 온라인 공간 내 코스튬입니다(그림 4-29). 아바타 스킨은 아바타(5-6 절 참조)의 능력에 영향을 주지 않지만 사용자는 게임 내 자기표현을 목적으로 스킨을 구입합니다. 3.5억 명의 이용자가 있는 게임 『포트나이트(Fortnite)』의 아바타 스킨 매출액은 럭셔리 브랜드 프라다(PRADA) 보다 높으며, 이미 세계 최대급의 의류 기업 중 하나로 기능하고 있습니다.

기존 비즈니스 모델에서의 과제 ///

패션 세계에서는 실제 옷에서도 디자인 모방이 화제가 되는 경우가 적지 않습니다. **디지털상의 "뉴월드"에서 디자인의 모방이 더욱 쉬워질 가능성이 있는** 가운데, 디자이너의 창조성을 어떤 방법으로 지키고 이끌어 나갈 것인가가 큰 과제라고 할 수 있습니다.

그림 4-28 SNS 게시를 목적으로 한 디지털 패션

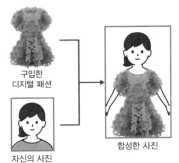

구입한
디지털 패션

자신의 사진

합성한 사진

『DressX』 사이트상에서 아이템을 구입하고, 자신의 사진 데이터를
송부하면 위와 같이 합성하여 다시 보내준다.

출처: DRESSX(URL: 「https://dressx.com/products/butterfl y-dress-paskal)
참고: WWD JAPAN 「투자자도 주목하는 디지털 패션의 드레스X 창업자가 말하는 「10년 안에 1억 개의 디지털 아이템 판매를
목표로 한다」」(URL: https://www.wwdjapan.com/articles/1275260)

그림 4-29 아바타 스킨으로 이용되는 디지털 패션

- 『포트나이트』는 온라인에서 플레이하는 써드퍼슨·슈팅 게임
- 사용자는 아바타를 다양한 코스튬으로 갈아입고 게임을 플레이할 수 있다.
- 이미지는 『포트나이트』와 『스타워즈』의 콜라보로 스톰트루퍼의 스킨

출처: https://e-sports-press.com/archives/21449

Point

✔ 최근 디지털 패션 업계가 큰 활기를 보이고 있다.

✔ 디지털 패션의 세계에서는 디자인의 모방이 쉬워질 수 있다.

≫ 패션②
NFT를 활용한 비즈니스 모델

NFT에 의한 진위 증명과 새로운 수익원 \\\\\\\\\\\\\\\\\\\\\\\\\\\\\\\\\\\\\\

패션×NFT의 조합으로 기존 비즈니스가 어떻게 바뀌어 갈지를 알아봅시다. 디지털 패션 분야에서는 아이템을 NFT화하는 경우를 많이 볼 수 있습니다. 오랜 기간 가품과 복제품에 고민해 온 패션 업계에서는 **진위 증명**으로 이용할 수 있는 NFT는 매력적인 기술로 인식하고 있습니다. 누구나 구매 가능한 아이템보다도 수량이나 판매 기간이 한정된 희귀한 아이템과 특히 궁합이 좋다고 할 수 있습니다.

또한, 진위 증명의 관점뿐만 아니라 **크리에이터의 수익원 다양화로의 활동 가능성**이 있습니다. 예를 들어, NFT의 활용에 의해 n차 유통 시에도 대금의 일부를 크리에이터로 환원하도록 설정할 수 있습니다(그림 4-30). 대량 생산을 하지 않아 수익원이 한정된 디자이너가 자신의 작품을 실물뿐만 아니라 NFT로도 판매함으로써 새로운 수익원으로 활용할 수 있습니다.

NFT를 활용한 비즈니스 모델의 과제 \\\\\\\\\\\\\\\\\\\\\\\\\\\\\\\\\\\\\\\

2021년 12월, 에르메스(HERMES)의 버킨(Birkin)과 유사한 NFT 「메타버킨스(MetaBirkins)」가 NFT 마켓플레이스 OpenSea(오픈씨) 상에 판매되었습니다. 에르메스는 2022년 1월에 상표권 침해 등을 이유로 NFT를 발행한 메이슨 로스차일드를 제소했습니다. 이에 대해 로스차일드는 자신의 SNS 계정에서 「퍼로 뒤덮인 상상 속의 버킨을 그린 아트 작품을 만든 것에 불과하다」고 게시하고, 메타버킨스는 아트라고 주장했습니다. 이 논쟁으로 OpenSea 상에서는 출품 목록에서 삭제되었으며, LooksRare 등의 마켓플레이스에서는 계속 판매되고 있습니다(그림 4-31).

NFT를 진위의 증명에 이용할 수 있다고 해도 모방 행위 자체를 막을 수는 없고, 게다가 디지털 세계에서는 패션과 아트의 경계도 모호하기 때문에 관련 규칙의 정비가 필요합니다.

그림 4-30   실물과 NFT의 동시 판매에 의한 수익원의 다양화

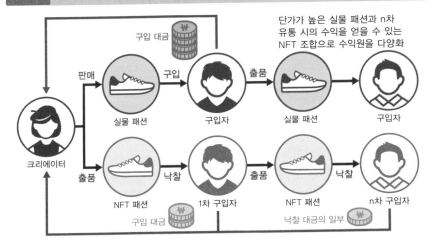

그림 4-31   LooksRare상에서 판매되고 있는 메타버킨스

LooksRare상에서는 약 100 종류의 메타버킨스가 판매되고 있다

출처: LooksRare(URL: https://looksrare.org/collections/0x566b73997F96c1076f7cF9e2C4576Bd08b1A3750/40)

Point

✔ NFT 패션은 진위 증명으로 주목받고 있다.

✔ NFT를 활용하여 크리에이터의 새로운 수익원으로의 활용도 검토하고 있다.

✔ 진위 증명은 할 수 있어도 모방 행위 자체는 NFT로 막을 수 없다.

>> 패션③
NFT 유스케이스

패션 업계에서의 NFT 사례

2021년 12월, 대형 스포츠용품 제조업체 Nike(나이키)는 "버추얼 어패럴"을 취급하는 디자이너 그룹 **RTFKT**(알티팩트)의 인수를 발표했습니다. RTFKT는 NFT를 이용해 독특한 디지털 스니커즈 등을 판매하는 브랜드입니다(그림 4-32). 2021년 3월에 RTFKT와 디지털 아티스트 FEWOCiOUS(본명: 빅터 랑글로아)와 콜라보한 실물 스니커즈와 디지털 스니커즈를 조합한 NFT를 판매하여 7분 만에 600켤레가 모두 매진되어 310만 달러(약 40억 5000만 원)의 수익을 올렸습니다.

이탈리아 유명 브랜드 DOLCE&GABBANA(돌체앤가바나)는 2021년 9월 정장과 드레스, 티아라 등 총 9점의 NFT 작품을 **마켓플레이스** UNXD에서 옥션 판매하여, 총 565만 달러(약 74억 원)에 낙찰되었습니다. 낙찰자는 NFT화된 디지털 패션을 손에 넣을 뿐만 아니라 커스텀 메이드의 실물 패션 및 이벤트로의 초대권을 받을 수 있는 등, 물리적인 세계와 디지털을 연결하는 구조가 되었습니다.

이 밖에도 대형 브랜드의 NFT 패션 진출이 잇따르고 있습니다.

NFT 패션의 마켓플레이스

다른 NFT와 마찬가지로 NFT 패션도 다양한 마켓플레이스에서 구입할 수 있습니다. 디지털 패션은 희소성이 있는 디자인을 판매한다는 점에서 디지털 아트에 가까운 특징을 갖고 있습니다. 그래서 디지털 아트를 취급하는 마켓플레이스에서 디지털 패션을 취급하는 경우가 많은데, **패션을 중심으로 다루고 있는 마켓플레이스도 존재합니다.** 그림 4-33에 패션을 전문으로, 혹은 중심으로 취급하고 있는 대표적인 마켓플레이스를 기재합니다.

그림 4-32 RTFKT가 출품한 NFT 디지털 스니커즈의 예

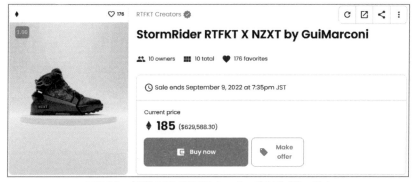

RTFKT는 다양한 NFT 콜라보를 OpenSea에서 판매하고 있다

출처: OpenSea (URL: https://opensea.io/assets/0x9930929903f9c6c83d9e7c70d058d03c376a8337/9)

그림 4-33 NFT 패션의 마켓플레이스

명칭		개요
FAN	FAN	한국 최초의 패션을 축으로 한 NFT 메타버스 마켓플레이스
KREATION	KREATION	• 메타버스 패션에 특화된 마켓플레이스 • 매출의 2%를 신생 브랜드 지원에 이용
UNXD.	UNXD	• NFT 럭셔리 마켓플레이스 • DOLCE&GABBANA가 NFT 컬렉션을 발매하여 높은 주목을 끌었다
ΔΣ<Ⱶ	The DEMATERIALISED	KARL LAGERFELD(칼 라거펠트)가 NFT 컬렉션을 출시
DRESSX	DressX	디지털·온리 의복, NFT 패션 아이템, AR룩을 취급하는 메타클로젯을 전개

Point

✔ 해외를 중심으로 NFT 패션의 고액 낙찰 사례가 증가하고 있다.

✔ 패션을 중심으로 취급하고 있는 마켓플레이스도 존재한다.

≫ 패션④
앞으로의 전망

디지털 패션의 미래 //

현실 세계에서의 의복의 목적은 「신체 보호」에서 「자기표현을 위한 매체」로 변천해 갔습니다. SNS 등의 디지털 세계가 생활의 일부가 된 현재에는 디지털상의 자기표현 매체로서 디지털 패션이 이용되는 것은 자연스럽다고 할 수 있습니다. 향후 **메타버스**가 보급되어 디지털상의 생활공간이 더욱 넓어지면 **필연적으로 디지털 패션도 확산되어 갈 것입니다.** 대히트한 게임 『모여봐요 동물의 숲』을 넓은 의미의 메타버스라고 보면 플레이어는 자신의 아바타를 자유롭게 갈아입히고 있으며, 이미 새로운 시대가 다가오고 있습니다. 또한, 온라인과 오프라인 융합을 목표로 하는 **OMO**(Online Merges with Offline) 전략의 하나로도 디지털 패션이 활용될 것입니다. 패션 브랜드 젤라토 피케는 동물의 숲 속에서 젤라토 피케의 옷을 본뜬 디자인을 배포하고, 반대로 게임 내에 등장하는 동물의 「귀」가 달린 파카를 현실 세계에 전개하고 있으며, 이미 OMO의 활용을 보이기 시작했습니다(그림 4-34).

NFT 패션 보급의 열쇠 //

NFT 패션의 보급에는 NFT만의 유스케이스가 필요할 것입니다. 예를 들어, 어떤 메타버스 공간 안에서만 이용할 수 있는 디지털 패션의 진정성은 NFT를 사용하지 않고 메타버스 운영 회사가 보증하면 됩니다. 보급의 첫걸음으로 **NFT를 여러 메타버스에서 이용 가능하게 할 필요가 있을 것입니다.** 실제로 스포츠 의류 브랜드 언더아머(UnderArmour)가 3개의 메타버스에서 착용 가능한 NFT 스니커즈를 판매하는 등의 움직임이 나타나기 시작했습니다(그림 4-35).

또한, 특정 디지털 운동화를 가지고 있다는 것을 NFT를 통해 증명하여, NFT 보유자만이 현실 세계에서의 희귀 운동화 추첨에 참여할 수 있는 「디지털 드레스 코드」 도입 등, OMO와 NFT의 조합도 NFT라서 가능한 유스케이스가 될 것입니다.

그림 4-34 「젤라토 피케」와 『모여봐요 동물의 숲』의 콜라보 예

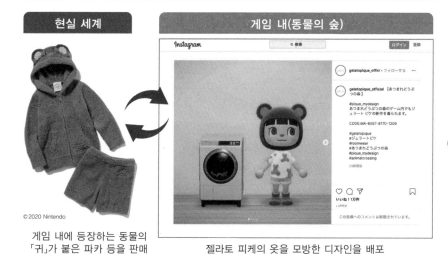

현실 세계

게임 내(동물의 숲)

© 2020 Nintendo

게임 내에 등장하는 동물의
「귀」가 붙은 파카 등을 판매

젤라토 피케의 옷을 모방한 디자인을 배포

출처: (좌)젤라토 피케 URL: https://gelatopique.com/Form/Product/ProductDetail.aspx?pid=PKNT205840)
(우) gelatopique_official【모여봐요 동물의 숲】(URL: https://www.instagram.com/p/CA9q3zPhqn8/)

그림 4-35 여러 메타버스에서 이용할 수 있는 언더아머 NFT의 예

1개의 NFT를 Gala Games, The Sandbox, Decentraland 등 3개의 메타버스 공간에서 이용할 수 있다.
출처: 언더아머(URL: https://2974.currybrand.com/curry/drop)

Point

✔ 메타버스의 보급에 따라 디지털 패션도 보급될 것으로 전망된다.
✔ 여러 메타버스에서 이용할 수 있는 NFT 패션이 기대된다.

≫ 음악①
기존 비즈니스 모델

뮤지션의 수입원 ///

뮤지션의 수입은 티켓값이나 굿즈값 등의 라이브 수입, CD나 다운로드 판매, 서브스크립션(이하 **구독**)에 의한 인세 수입, CF 출연에 따른 수입 등이 있습니다. 여기서는 「음원으로부터의 수입」이라는 관점에서 인세 수입에 주목합니다. 음악 업계는 CD 판매에서 **다운로드 판매**로 바뀌었고 더욱이 요즘은 Spotify로 대표되는 구독(일정 기간의 이용권으로 요금을 지불하는 방식)이 주류가 되고 있습니다.

다운로드 판매에서는 판매액의 30% 정도를 마켓플레이스가 수수료로 징수하고 나머지는 악곡의 권리자에게 지불됩니다(그림 4-36). 구독의 경우에도 구독료 중 30% 정도는 Spotify 등의 플랫폼이 수수료로 징수합니다. 다운로드 판매와의 차이는 나머지 금액이 재생 횟수에 따라 악곡의 권리자 간에 배분되는 점입니다. 권리자에게 지불되는 1곡 재생당 금액은 플랫폼에 따라 다르지만, 1~10원 정도의 시세인 것 같습니다(그림 4-37).

권리자에는 음반회사, 프로덕션, 저작권자, 저작권 관리 단체 등 다수의 관계자가 존재합니다. 결과적으로 뮤지션에게 지불되는 인세는 권리자 전체에 지급되는 수익의 극히 일부입니다.

기존 비즈니스 모델의 과제 //

CD 판매에서 다운로드 판매로 바뀌어 1곡 단위로 판매가 중심이 되면서 단가가 낮아지고, **아티스트의 수입은 줄었다고** 합니다. 새로운 수입원으로 기대되는 구독도 재생 횟수에 따라 배분되는 시스템이기 때문에 **상위 1%의 인기 뮤지션이 전체의 90% 수익을 독점하고 있다고** 합니다. 마이너한 뮤지션의 곡을 듣기 위해 구독한 사용자라도 그 구독료의 대부분은 재생 횟수가 많은 뮤지션에게 지불되므로 젊은 층을 키울 환경이 없어지는 것이 문제가 되고 있습니다.

그림 4-36 　다운로드 판매의 비즈니스 모델

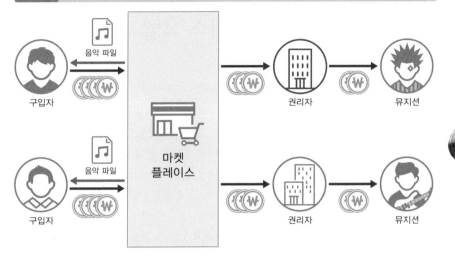

그림 4-37 　구독의 비즈니스 모델

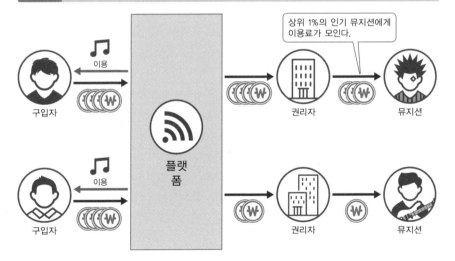

Point
✔ CD 전성기에 비해 뮤지션의 수익은 감소했다고 한다.
✔ 음악 구독의 수익은 상위 1%의 인기 뮤지션이 전체의 90%를 독점하고 있다.

음악②
NFT를 활용한 비즈니스 모델

NFT에 의한 새로운 수익원 //

음악 × NFT의 조합으로 기존 비즈니스가 어떻게 변해가는지를 알아봅시다. 기본적으로는 1개의 곡을 1개의 NFT로 판매한다는 점에서 다운로드 판매와 큰 차이는 없지만, NFT에서는 블록체인에 의해 트레이서빌리티를 살려, **구입한 음악 데이터를 전매할 수 있습니다.** 덧붙여 스마트 계약을 활용함으로써 n차 유통 시에도 뮤지션에게 수수료를 지불하도록 설정할 수 있습니다(그림 4-38). 이것은 뮤지션에게 **새로운 수익원**이 됩니다.

또 「곡으로부터 얻은 수입의 일부를 얻을 권리」를 NFT화하여 판매할 수도 있습니다(그림 4-39). 이 권리의 구매자는 곡이 유명해지고, 노래방이나 구독에서 많이 이용될수록 자신에게 수익으로 이어지기 때문에 아직 인지도가 낮은 아티스트를 초기 단계부터 응원하고, 세상에 널리 알리는 모티베이션이 됩니다. 이것은 젊은 뮤지션을 키우는 환경의 강화로 연결됩니다.

NFT를 활용한 비즈니스 모델의 과제 //

힙합계의 대가 제이 지가 공동 설립한 RAF(Roc-A-Fella Records: 라커펠라 레코드)는 제이 지의 1996년 데뷔 앨범 『Reasonable Doubt』의 NFT를 팔아넘겼다고 공동창립자 데이먼 대시를 상대로 소송을 제기했습니다. 대시는 RAF사 주식 3분의 1을 보유하고 있었지만 앨범 자체를 소유하고 있는 것은 이 회사이며, 대시에게 NFT를 판매할 권리가 없다는 주장입니다. 이에 미국 지방법원은 일시적으로 해당 NFT의 판매를 금지하는 금지 명령을 내렸습니다. 권리를 보유하고 있지 않음에도 불구하고 상품을 NFT로 마음대로 판매하고 있는 사안이 전 세계 여기저기에 보입니다. **권리 보호**는 큰 과제입니다.

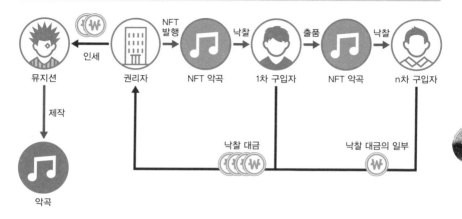

그림 4-38 n차 유통에 의한 아티스트의 수익

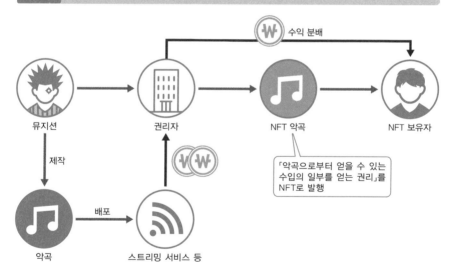

그림 4-39 권리의 NFT화에 의한 수익 분배 모델

「악곡으로부터 얻을 수 있는
수입의 일부를 얻는 권리」를
NFT로 발행

Point

✔ 악곡으로부터의 수익을 팬에게 분배하는 비즈니스 모델도 등장하고 있어, 음악 업계의 활성화를 목적으로 한 NFT의 활용에 주목이 집중되고 있다.

✔ 뮤지션뿐만 아니라 구매자에게도 전매 가능하다는 장점이 있다.

✔ 음악뿐만 아니라 NFT에서의 권리 보호는 큰 과제이다.

≫ 음악③
NFT 유스케이스

음악 업계에서의 NFT 사례 \\

세계적으로 유명한 뮤지션 겸 프로듀서인 저스틴 블라우(일명: 3LAU)는 앨범
『Ultraviolet』의 3주년 기념으로 2021년 2월 25일부터 72시간 동안, 33개의 NFT
를 옥션으로 판매했습니다. 상품에는 그의 웹사이트 「3LAU.com」의 커스텀 플
레이어에서 발표되지 않은 음악을 들을 권리 및 한정판 레코드로 교환할 권리,
『Ultraviolet』에 수록된 곡의 새 버전 등이 포함되어 있으며, 최종적으로 1,170만 달
러의 매출을 올렸습니다. 이것은 NFT 음악 시장의 최고 기록입니다.

일본에서는 뮤지션 사카모토 류이치가 영화 『전장의 크리스마스』의 테마곡 『Merry
Christmas Mr. Lawrence』을 한 음씩 NFT화하여, 1NFT당 1만 엔(한화 약 10만
원)으로 판매했더니 전 세계에서 접속자가 몰리면서 서버가 다운되어 거래할 수 없는
상태가 되었습니다(그림 4-40).

이처럼 다양한 형태로 음악을 NFT화하려는 시도가 진행되고 있습니다.

NFT 음악의 마켓플레이스 \\

다른 NFT와 마찬가지로 NFT 음악도 다양한 **마켓플레이스**에서 구입할 수 있습니다.
OpenSea처럼 미술, 트레이딩 카드 등, 다양한 장르의 NFT와 함께 NFT 음악을 다
루는 마켓플레이스나 **음악을 중심으로 다루는 마켓플레이스도 있습니다**. 그림 4-41
에 음악을 전문으로 하거나 중심으로 다루고 있는 대표적인 마켓플레이스를 기재합
니다.

그림 4-40 　류이지 사카모토가 판매한 NFT의 판매 페이지

악곡을 1음씩 NFT화하여, 총 595음이 출품되었다

출처: Adam byGMO(URL: https://adam.jp/stores/ryuichisakamoto)

그림 4-41 　음악을 전문 또는 중심으로 취급하는 마켓플레이스의 사례

명칭	개요
OneOf	테조스(Tezos)라는 블록체인을 기반으로 거래에서의 수수료 급등과 높은 전력 소비와 같은 NFT의 과제를 고려하고 있는 것이 특징
Royal	•악곡의 소유권을 분할하여 NFT로 판매 •팬은 좋아하는 아티스트를 더욱 직접적으로 지원할 수 있으며, 그 대가로 그 악곡에서 얻은 수입의 일정 비율을 로열티로 받을 수 있다.
The NFT Records	악곡 및 영상, 이미지 등 음악과 관련된 모든 콘텐츠에 NFT 증명서를 붙여 판매하는 음악 전문 NFT 마켓플레이스
.mura	•「음원」과 「아트워크」의 세트 판매가 기본 •작품의 최초 구입자는 아티스트로부터 공식 서포터로 인정받아 음원 유통으로 발생하는 수익의 일부를 얻을 수 있다.
메타비트 (METABEAT)	저작권을 중심으로 구축된 한국의 인센티브 커뮤니티 겸 음악 NFT 마켓플레이스

Point

✔ NFT 음악의 판매 사례가 등장
✔ 음악을 전문 또는 중심으로 취급하는 마켓플레이스도 존재

≫ 음악④
앞으로의 전망

NFT 음악의 미래

NFT 음악은 뮤지션들의 새로운 수익원으로 활용될 것입니다. 향후에는 악곡 이외의 NFT화가 확산될 수 있습니다. 예를 들어 티켓을 NFT화함으로써 위조 방지에 더해서 티켓의 재판매 시에도 뮤지션이 수수료를 받을 수도 있습니다.

게다가 NFT는 뮤지션과 팬 사이의 더욱 밀접한 커뮤니케이션 수단으로 활용될 수 있습니다. 예를 들어 곡이나 라이브 티켓의 NFT 보유자에 대해서 NFT 보유량에 따라 투표권을 나눠주고 신곡의 방향성을 팬에 의한 투표로 결정하는 등의 사용법을 생각할 수 있습니다(그림 4-42). 이로 인해 과거의 라이브 티켓에 기념품 이상의 가치가 생겨나는 점도 재미있습니다.

NFT 음악 보급의 열쇠

NFT 음악을 보급하기 위해서는 구입의 동기 부여가 필요합니다. NFT는 소유자의 증명에 이용할 수 있어도 복사 방지 기술은 아닙니다. 그래서 NFT의 소유자가 아니더라도 악곡을 재생할 수 있는 서비스도 많이 존재합니다. 이를 해결하기 위해 최근에는 NFT 안에 암호화한 음원을 저장하여 NFT 소유자만이 전용 플레이어를 사용하여 음원을 복호화하고 재생할 수 있는 구조가 검토되고 있습니다. 「사지 않으면 들을 수 없다」와 같은 제한은 NFT 구매 동기 중 하나가 될 것입니다. 또 앞서 설명한 「수입의 일부를 얻는 권리」의 활용도 금전적인 장점의 관점에서 NFT 구입 동기 중 하나가 될 것 같습니다. 다만, **이익의 분배**는 규제의 대상이 될 것으로 보이기 때문에 향후 법 정비는 중요한 과제입니다.

이러한 동기 부여에 의해 NFT를 보급시킨 후에 뮤지션과 팬 사이를 보다 직접적인 커뮤니케이션을 가능하게 하는 등 **NFT 특유의 가치를 제공하는 것이 소유에서 이용으로 이동한 음악 업계를 소유로 회귀시키는 계기가 될 수도 있습니다**(그림 4-43).

그림 4-42　NFT 보유량에 따른 투표권 부여

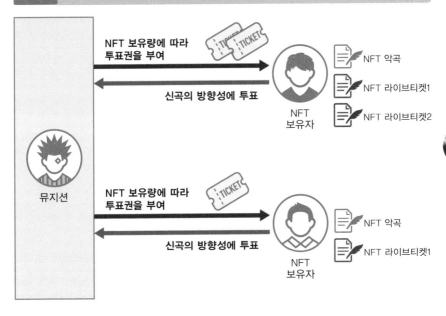

그림 4-43　이용에서 소유로 회귀

Point

✔ 라이브 티켓 등 음원 이외에도 NFT 음악의 활용이 예상된다.

✔ NFT의 보급에는 구입의 동기 부여가 필요하다.

✔ NFT가 보급된 후에 NFT만의 가치를 제공하는 것이 음악 업계를 이용에서 소유로 회귀시키는 계기가 될 수 있다.

4-2 절에서 NFT 아트의 구조에서 각각의 NFT에는 고유의 토큰 ID나 그 NFT의 보유자 정보와 같은 다양한 정보가 기록되어 있다는 것을 설명했습니다. NFT에 따라서는 메타데이터를 보존하는 외부 시스템의 URL 정보가 기록되어 있는 경우도 있습니다.

NFT 마켓플레이스의 「OpenSea」에서 취급하고 있는 NFT의 메타데이터는 OpenSea가 제공하는 API를 이용하여 확인할 수 있습니다. OpenSea의 일반 웹 화면에서도 일부 메타데이터를 확인할 수 있으나, OpenSea API를 이용하면 더욱 상세한 항목까지 알 수 있습니다. 실제로 API를 실행하여 메타데이터를 확인하는 순서를 설명합니다.

OpenSea API에서 「Get NFT」라는 API의 설명 페이지(https://docs.opensea.io/reference/get_nft)에 접근하면 PATH PARAMS로 address와 chain, identifier를 입력하는 란이 나타납니다. OpenSea에서 매매되고 있는 NFT에서 궁금한 것을 선택하고, Address와 chain, identifier(token ID)를 메모장 등에 적어두었다가 조금 전 접근한 Get NFT 페이지의 address와 chain, identifier에 각각 입력합니다. 그 후 화면 오른쪽에 있는 Try it! 이라는 파란색 버튼을 클릭하면 OpenSea가 관리하는 NFT의 메타데이터를 표시할 수 있습니다.

응답 결과 중, image_url의 필드에 표시되어 있는 값이 NFT에 연결된 작품 데이터 원본이 저장되어 있는 URL입니다.

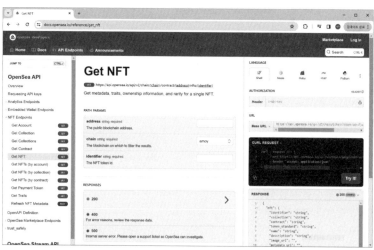

OpenSea API – Get NFT의 화면

NFT의 유스케이스

플랫폼 · 비즈니스편

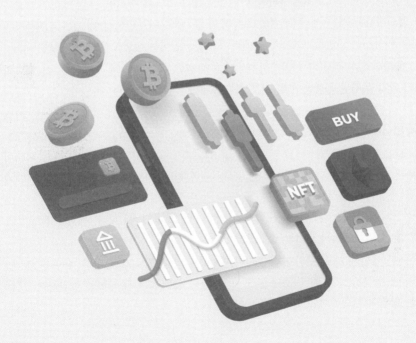

≫ 메타버스①
메타버스의 현 상태

메타버스란 무엇인가?

메타버스는 2021년 페이스북이 「Meta」로 사명을 변경하며 메타버스를 핵심 사업으로 한다고 발표하면서 주목도가 높아졌습니다. 메타버스란 3차원의 **가상공간** 및 그곳에서의 서비스이며, 사람들이 원격으로 **교류 및 경제 활동**을 행할 수 있는 장(場)이고도 할 수 있습니다.

메타버스는 게임계, 공간계, 워크 스페이스계의 3가지 카테고리로 분류할 수 있습니다(그림 5-1). 예를 들어 인기 게임인 『Fortnite』 등은 게임계, 사람들의 교류가 왕성한 『VR Chat』이나 이벤트 등을 개최할 수 있는 『제페토』 등은 공간계, 업무 등에서의 협업을 타깃으로 하는 『Mesh for Microsoft Teams』 등은 워크 스페이스계에 들어갑니다. 또한, 외부 플레이어와 동시 플레이 기능은 있지만, 기본적으로는 혼자서 플레이하는 시간이 긴 『모여봐요 동물의 숲』 및 VR(가상현실)이 아닌 AR(증강현실)을 이용하는 『포켓몬 GO』 등을 메타버스에 포함하는 사람도 있습니다.

또, 메타버스란 큰 하나의 가상공간이라고 이해할 수도 있는데, 실제로는 **각 메타버스가 각각 독립된 플랫폼이며, 서로 자유롭게 오갈 수 있는 것은 아닙니다.**

3차원 SNS의 출현

Facebook이나 X(Twitter) 등의(2차원) SNS와 비교하여, 메타버스는 다음 세대의 **「3차원 SNS」**라고 합니다(그림 5-2). 그러나 현재의 메타버스의 대부분은 온라인 게임을 주축으로 발전해 온 것이며, SNS 기능은 보완적 역할에 불과했습니다. 이 「3차원 SNS」 기능을 골자로 하는 비즈니스는 아직 초기 단계입니다. **게임, SNS, VR, AR 등 각 업계에서의 참가가 잇따르고 있습니다.**

Meta를 포함해 해외 서비스가 많지만, 『제페토』와 같은 국내 유망한 메타버스도 있습니다. 당분간, 다양한 비즈니스 모델, 다양한 플랫폼이 시도되고, 발전하며, 도태되는 상황이 계속될 것으로 예상됩니다.

그림 5-1 　메타버스의 분류

게임계	공간계	워크 스페이스계

• Fortnite • Minecraft • Roblox • 모여봐요, 동물의 숲 • 포켓몬 GO	• VRChat • 제페토 • Horizon Worlds • Rec Room • Decentraland • The Sandbox	• Mesh for Microsoft Teams • Horizon Workrooms

그림 5-2 　3차원 SNS의 위치

〈현재의 인터넷 기능〉 　　　　 **〈새로운 인터넷 기능〉**

2차원 SNS	온라인 게임	3차원 SNS(메타버스)
• Facebook • Twitter 　등	Fortnite, Minecraft 등 • 파이널 　판타지 XIV • VALORANT 　등	• VRChat • 제페토 • Mesh for 　Microsoft Teams 　등

Point

✔ 메타버스는 3차원 가상공간이며, 교류 및 경제 활동의 장이다.

✔ 메타버스는 하나의 가상공간이 아니라 여러 개 있다.

✔ 3차원 SNS 기능을 골자로 한 비즈니스 형성이 시작되고 있다.

≫ 메타버스②
메타버스에서의 NFT

메타버스의 NFT 비즈니스 모델

『Decentraland』나 『The Sandbox』는 **블록체인** 및 NFT를 기반으로 한 메타버스입니다. 양쪽 모두 **LAND**(가상공간 내의 토지 구획)를 기반으로 한 비즈니스 모델입니다(그림 5-3). LAND의 상한 수가 미리 정해져 있으며, LAND의 이용권을 취득함으로써 거기에 건물이나 어트랙션 등의 콘텐츠를 설치할 수 있습니다. 다른 말로 하면 일반 사용자로서 메타버스를 즐기는 것이 아니라 그곳에서 비즈니스를 하기 위해서는 LAND 및 콘텐츠의 이용권을 취득해야 합니다.

이용권을 취득하려면 오너가 되거나 오너로부터 이용권을 차용합니다. LAND의 오너가 되려면 Decentraland가 개최하는 옥션에 참가하여 암호 화폐 MANA를 번(소각)하여 얻거나 마켓플레이스(재판매 시장)에서 MANA를 사용하여 구입합니다. LAND 및 콘텐츠를 빌려줌으로써 수익을 얻을 수 있습니다. 또한, LAND 및 콘텐츠는 마켓플레이스에서 출품 · 전매할 수 있습니다(그림 5-4).

한편, 블록체인을 기반으로 하지 않는 메타버스가 많이 있는데, 그런 메타버스에서는 **기본적으로 NFT를 채용하지 않거나 그 일부만이 이용되는 것에 그칩니다.** 또한, LAND라는 개념은 없고, 가상공간(메타버스의 세계에서는 「월드」라고 부르는 경우가 많음)은 무한히 작성하거나 확대할 수 있습니다.

NFT 이용상의 과제

NFT는 기본적으로 LAND나 아이템의 **사용 허락**이며, 소유권이나 저작권이 아닙니다. **복제나 공중 송신 등의 이용을 제한하고 있는 NFT도 있습니다.** 또한, 각 메타버스는 각각 독립된 플랫폼이며, 특정 플랫폼에서 구매한 NFT 아이템을 다른 플랫폼에서 사용하지 못할 수 있습니다. 더불어 플랫폼 자체의 서비스가 종료될 위험이 있다는 점도 고려해야 합니다.

그림 5-3　Decentraland의 LAND 배치도

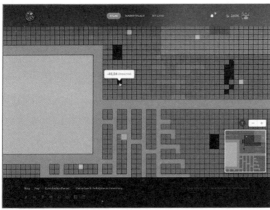

- LAND의 1구획은 16m×16m이며, 전체 90,601 구획이 있다.

- LAND는 마켓플레이스에서 매매할 수 있다.

출처: 「Introducing the Decentraland Marketplace」
(URL: https://decentraland.org/blog/announcements/introducing-the-decentraland-marketplace/)

그림 5-4　Decentraland의 마켓플레이스

마켓플레이스에서는 LAND, 옷, 액세서리, 잡화 등 다양한 것이 매매되고 있다.

출처: 「The latest Decentraland Wearables Collection by ... you!」
(URL: https://decentraland.org/blog/announcements/the-latest-decentraland-wearables-collection-by-you/)

Point

✔ NFT 메타버스는 LAND를 기반으로 한 비즈니스 모델이다.

✔ NFT를 채용하고 있는 메타버스는 많지 않다.

✔ NFT의 이용권이나 이용 가능한 플랫폼에는 제한이 있다.

» 메타버스③ NFT 메타버스의 유스케이스

NFT 메타버스의 구조

이 절에서는 『Decentraland』를 예로 설명합니다. Decentraland에서는 **LAND(토지 구획) 및 MANA(암호 화폐)의 발행과 관리에 이더리움 · 블록체인을 사용하고 있습니다.**

Decentraland의 가상공간에는 LAND의 오너 등이 설치한 건물이나 어트랙션 등의 **콘텐츠**가 있습니다. 예를 들어, 유명 옥션하우스인 소더비스나 대기업 삼성은 Decentraland에 가상 스토어를 개설하고 있습니다(그림 5-5). 또한, 패션 빌딩 「시부야 109」는 The Sandbox에 점용 토지와 건물을 가진 「SHIBUYA109 Land」를 개설하여 지명도가 높은 점을 살린 비즈니스 전개를 노리고 있습니다.

Decentraland의 구조는 실시간 레이어, 토지 콘텐츠 레이어, 합의 레이어로 구성됩니다(그림 5-6). Decentraland 내에서 사용자(아바타)가 있는 장소로 이동하면 실시간 레이어가 새롭게 화면 표시해야 할 콘텐츠의 취득 리퀘스트를 냅니다(그림 중 ❶). 그것을 받아 토지 콘텐츠 레이어와 합의 레이어가 협동하여 그 장소에 설치되어 있는 건물이나 어트랙션 등의 콘텐츠를 반송(그림 중 ❷~❹), 실시간 레이어가 사용자에게로 화면 표시를 시행합니다.

Decentraland에는 「Explorer(탐색)」 「Create(제작)」 「Trade(매매)」라는 3가지 메뉴가 있습니다. Explorer에서는 아바타를 사용하여 가상공간을 탐색할 수 있습니다. Create에서는 **LAND의 오너가 「Builder」라고 하는 비주얼 에디터 등을 사용하여 콘텐츠를 제작할 수 있습니다.** Trade(마켓플레이스)에서는 **LAND나 콘텐츠를 매매할 수 있습니다.**

NFT 메타버스의 과제

NFT 메타버스의 토지는 고액이며, 부담 없이 구입하여 비즈니스를 시작할 수 있는 상황이라고는 할 수 없습니다. 또한, 매매에는 이더리움 수수료(가스비)가 드는데, 그것이 요동친다는 점이 문제가 되고 있습니다.

그림 5-5	소더비스의 가상 갤러리

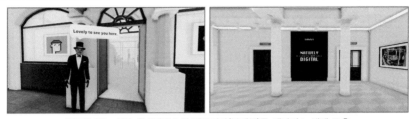

런던에 있는 실물 옥션하우스의 레플리카(복제품)를 메타버스 내에 구축

출처: 「Sotheby's opens a virtual gallery in Decentraland」
(URL: https://decentraland.org/blog/announcements/sotheby-s-opens-a-virtual-gallery-in-decentraland/)

그림 5-6	Decentraland의 구조

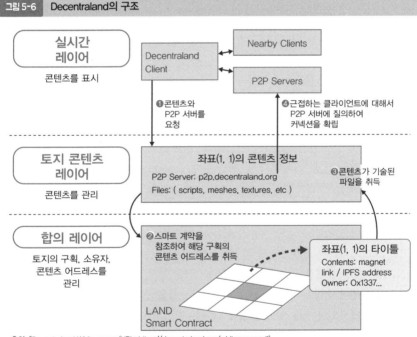

출처: 「Decentraland White paper」(URL: https://decentraland.org/whitepaper.pdf)

Point

✔ LAND 및 암호 화폐의 발행과 관리에 블록체인을 사용하고 있다.

✔ LAND 오너 등이 콘텐츠를 제작 및 설치를 시행할 수 있다.

✔ LAND 및 콘텐츠는 마켓플레이스에서 매매할 수 있다.

» 메타버스④
메타버스 및 NFT의 미래

메타버스의 미래

메타버스의 세계관은 가상공간 속에서 동료 및 친구들과 지내거나 라이브나 게임, 쇼핑 등을 즐기는 것입니다. 이에 따라 **커뮤니티**가 형성되어 경제 활동을 영위할 수 있는 어느 정도 규모의 **에코시스템**이 기능하는 것이 **메타버스 발전의 열쇠**입니다.

메타버스는 현시점에서 독립된 크고 작은 플랫폼이 난립하는 상황이며, 아바타 및 NFT는 플랫폼을 넘어 자유롭게 이용할 수 있는 환경이 아닙니다. 이용자에게 있어서는 플랫폼이 **호환성**을 가지고 편리성이 높아지는 것이 이상적이지만, 그 방향으로 나아갈지는 불분명합니다(그림 5-7).

또한, 접속 단말로 스마트폰, PC, 게임 단말, VR 디바이스가 있으나 VR 디바이스의 기능 강화와 소형화·경량화에 의한 VR 메타버스의 진전이 기대됩니다.

메타버스에서의 NFT의 미래

플랫포머의 NFT 지원은 다양합니다. NFT 우선 블록체인 게임 플랫폼들은 노력을 기울이고 있지만, 일부 메타버스 및 게임 판매 플랫폼은 NFT를 배제하고 있습니다. 또한 해외에서는 NFT를 도입한 게임 등으로 플레이함으로써 돈을 벌 수 있는 「Play to Earn」 제공을 규제하는 움직임도 있습니다.

NFT는 「팬 비즈니스」와 궁합이 좋기 때문에 팬 커뮤니티를 계속적으로 키우고 발전시키는 크리에이터나 플랫포머의 활약이 기대되고 있습니다(그림 5-8). 덧붙여 현재의 NFT는 특정 플랫폼 내에서만 이용할 수 있는 경우가 많으나, **본래 NFT는 특정 플랫폼에 얽매이지 않는 자산이 될 수 있는 가능성을 갖기 때문에 이 특성을 살린 에코시스템이 개척되어 적용 영역을 넓혀 나가는 것이 바람직합니다.**

그림 5-7　메타버스의 이상적인 형태

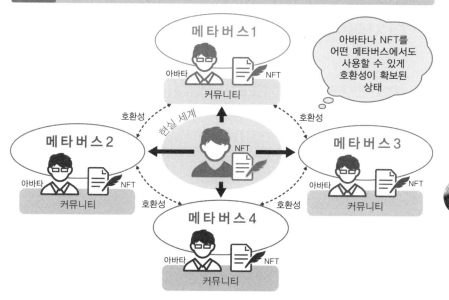

그림 5-8　NFT 활용과 팬 커뮤니티의 형성

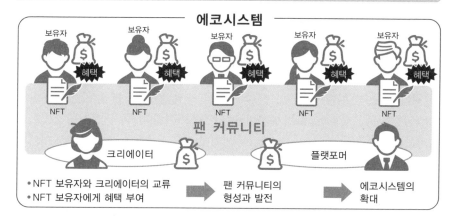

Point

✔ 커뮤니티 형성과 기능하는 에코시스템이 메타버스 발전의 열쇠이다.

✔ 메타버스 간의 호환성이 높아질 것으로 기대된다.

✔ NFT는 특정 플랫폼에 얽매이지 않는 자산이 되는 것이 바람직하다.

≫ 디지털 아이덴티티① 디지털에서의 아이덴티티

현실 세계와 인터넷에서의 아이덴티티

아이덴티티(identity)는 「어떤 사람에 관한 모든 정보」를 말합니다. 현실 세계에서는 개인이라는 개체를 기반으로 아이덴티티가 파악됩니다(그림 5-9). 한 개인이 가정, 직장, 친구 관계 등의 상황마다 다양한 「얼굴」을 가지며, 그 복합체로 아이덴티티가 있습니다. 타고난 신체성(성별, 신체, 목소리 등)은 그 중요한 요소입니다.

한편, SNS 등 인터넷에서는 개체나 신체적 특성이라는 조건이 없으며, 여러 개의 **디지털 아이덴티티**를 구분하여 사용하는 것이 용이합니다. 여러 SNS, 여러 계정을 구분해서 사용하는 것은 실제로 많이 이루어지고 있습니다. 메타버스도 마찬가지로 여러 플랫폼, 여러 아바타를 구분해서 사용하는 사람이 있습니다.

디지털 아이덴티티의 매니지먼트

지금까지 디지털 아이덴티티는 플랫폼으로 연결되어, Facebook이나 Google 등의 **웹 2.0 플랫포머가 「중앙집권적」으로 보존하여 관리하고 있었습니다**(그림 5-10). 디지털 아이덴티티는 플랫폼을 넘나들며 이동할 수 없고, 개인의 손을 떠난 곳에서 어떻게 이용되고 있는지도 불투명한 경우가 있었습니다.

아이덴티티는 개인의 중요한 자산이며, 원래는 본인이 매니지먼트(적절하게 관리하고 최대한으로 활용)해야 한다고 할 수 있습니다. 웹 2.0에서 웹 3.0으로의 변화는 「**비중앙집권**」적인 방향성으로의 흐름이며, 디지털 아이덴티티의 관리를 **개인에게 되돌리는 것**이 논의되고 있습니다. 이러한 변화에 대한 대응으로 「자기 주권형 아이덴티티」(Self-Sovereign Identity: SSI), 개인의 아이덴티티를 여러 개로 분산하여 관리하는 「분산형 아이덴티티」(Decentralized Identity: DID), 여러 개의 비밀키에 대한 서명을 요구함으로써 아이덴티티 관리의 안전성을 향상하는 「멀티시그」 등이 주목받고 있습니다.

그림 5-9   아이덴티티의 수

【현실 세계】   【SNS/메타버스】

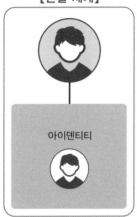

1 개체에 1 아이덴티티   1 개체에 여러 개의 디지털 아이덴티티

그림 5-10   디지털 아이덴티티의 관리 주체

【웹 2.0】   【웹 3.0】

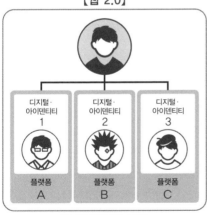

각 플랫포머가 관리   개인이 관리

Point

✔ 인터넷에서는 여러 개의 디지털 아이덴티티를 구분하여 사용할 수 있다.

✔ 웹 2.0은 플랫포머가 아이덴티티를 보관하고 관리하고 있다.

✔ 웹 3.0은 개인에 의한 아이덴티티 매니지먼트를 목표로 하고 있다.

≫ 디지털 아이덴티티②
아바타란 무엇인가?

아바타의 다양성

2009년에 개봉한 영화 『아바타』는 아카데미상 3개 부문을 수상하고, 세계 역대 1위의 흥행 수입을 기록했습니다. 이 영화에서 아바타는 조작원의 의식을 빙의시킨 「인조 생명체」였습니다. 아바타(avatar)의 의미는 화신, 구현, 권화 등이며, 인터넷이나 게임 속에서는 「**자신의 분신**으로 표시되는 캐릭터」를 가리킵니다.

아바타는 3D 게임이나 메타버스 등에서 사용되는 3D 모델(입체)과 2D 게임이나 아바타 커뮤니티 사이트, SNS 등에서 사용되는 2D 모델(평면)이 있습니다. 아바타의 모습은 **인간형과 비인간형**, 애니메이션풍과 실사풍 등 다양합니다. 사진이나 3D 스캔에 의한 실사형도 나오고 있습니다(그림 5-11). 인간, 로봇, 외계인, 몬스터, 동물, 식물 등, 마치 『스타워즈』의 세계를 방불케 합니다.

아바타는 메타버스에서 제공되는 기성 아바타를 사용할 수도 있으나, 인터넷에서 많은 종류가 판매되고 있고 마켓플레이스 등에서 구입할 수 있습니다(그림 5-12). 또한, 직접 만들거나 크리에이터에게 의뢰해서 독자적인 아바타를 제작하는 사람도 있습니다.

아바타의 디지털 아이덴티티

메타버스에서는 아바타의 모습에 더해 이름과 목소리도 중요한 아이덴티티입니다. 인터넷에서의 행동도 **아이덴티티를 형성**합니다. 패션이나 장식품 등의 「디지털 웨어러블」도 개성 표현의 중요한 요소이며, 아이덴티티의 일부가 됩니다. 또한, **현실 세계와 분리된 아이덴티티로 활약하는 것은 일반적**이며, 이성 아바타를 사용하거나 목소리를 가공하거나 고양이 귀나 꼬리를 붙이는 등 다양성이 풍부합니다. 동일 아바타를 계속 사용함으로써 아바타에 대한 애착이 강해지고, 그 아바타가 바로 자신의 아이덴티티를 나타낸다는 생각이 강해지는 것 같습니다.

그림 5-11 실사형의 아바타

원본 얼굴 사진
(AI로 만든 가공의 인물)

생성한 3D 모델의 얼굴과 전신

메타버스 상에서의
이용 이미지

toppan
「메타클론™아바타」

• 메타버스 상에 자신의 디지털 분신을 생성하는 서비스
• 1장의 사진에서 자신의 사실적인 3D 아바타를 자동 생성

출처: 볼록판 인쇄, 메타버스상에 자신의 디지털 분신을 생성하는 서비스 「메타클론™아바타」를 개발」
(URL: https://www.toppan.co.jp/news/2021/11/newsrelease211130_2.html)
©TOPPAN, INC.

그림 5-12 아바타의 마켓플레이스

cluster사 아바타 전시 직매회

• 참가 크리에이터 200명 이상, 판매 아바타 총수 7,700개 이상
• 「구입한 그 자리에서 바꿔 입을 수 있다」 매끄러운 아바타 구입 체험을 제공

출처: : 「2022년6월21일자 클러스터사 보도 자료」
(URL: https://prtimes.jp/main/html/rd/p/000000132.000017626.html)
©Cluster, Inc.

Point

✔ 아바타는 인터넷에서 「자신의 분신」이다.
✔ 아바타는 인간형도 비인간형도 있고, 종류 및 사양도 다양하다.
✔ 아바타의 아이덴티티는 현실 세계와 분리하여 형성할 수 있다.

» SDGs①
NFT와 SDGs

「사회 친화적」을 판단 기준으로 하는 투자자나 구매자가 늘고 있다 \\\\\\\\\\\\\\\\

SDGs(Sustainable Development Goals, 지속 가능한 개발 목표)란 2015년 9월 유엔 정상회의에서 회원국의 만장일치로 채택된 2030년까지 지속 가능하고 더 나은 세계를 지향하는 국제 목표입니다. 17개 목표와 169개의 세부 목표로 구성되어 지구 상의 단 한 사람도 소외되지 않는다(leave no one behind)를 모토로 하고 있습니다(그림 5-13).

세계적으로 SDGs의 기운이 높아지고 있기 때문에, **투자자가 기업에 투자하거나 또 구매자가 상품을 구입할 때 기업의 사업 내용이나 상품뿐만 아니라 업계가 SDGs 에 공헌하고 있는지를 신경 쓰는 사람이 늘고 있습니다**(그림 5-14). 투자에 있어서 는 ESG(환경 · 사회 · 거버넌스)의 관점에서 기업을 평가하고 투자 기업을 선택하는 ESG 투자자가 늘고 있으며, 투자자는 환경의 관점에서 기업의 SDGs 활동에 대해 서도 주목하고 있습니다.

NFT는 지구 환경에 친화적이지 않다? \\

NFT의 토대가 되는 블록체인 기술은 **마이닝**이라는 거래 데이터를 승인하기 위한 계 산 작업에 의해 성립될 수 있으나, 마이닝은 막대한 전력을 소비합니다. 이 엄청난 **전 력 소비와 CO$_2$ 배출**이 환경에 악영향을 가져오는 것이 아니냐는 우려의 목소리가 있 습니다. 이것은 SDGs의 17개 목표 중 목표7「에너지를 모두에게 그리고 깨끗하게」와 목표13「기후 변화에 구체적인 대책을」 등과 관련되어 있습니다.

예를 들어 해외 유명 아티스트가 NFT 사업 진출을 공표했을 때, 일부 팬들이 「지구 친화적이지 않다」며 반대 목소리를 내며 불매 운동 등이 일어났습니다. 또 미국에서 자동차 사업을 하는 테슬라사의 일론 머스크 CEO가 2021년 5월 채굴에 소비되는 화 석 연료의 사용량을 우려하여 비트코인을 사용한 결제를 일시 중단한다고 발표했습 니다. 이러한 사례로 인해 NFT 및 블록체인은 일률적으로 지구 환경에 친화적이지 않다고 느끼는 사람들도 많을 것으로 보입니다.

| 그림 5-13 | SDGs의 17개 목표와 NFT의 과제 |

SDGs의 17개 목표

NFT 과제

대량의 전력 소비 및 CO_2 배출이 목표 달성을 저해할 가능성이 있다.

| 그림 5-14 | SDGs의 높아진 열기에 판단 기준의 변화(이미지) |

사회 친화적이지 않은 활동을 하고 있으니까 투자, 지원하는 것은 그만두자.

투자자

친환경 경영, 활동을 하고 있으니까 투자, 지원하자!

일반 시민

투자·구입

상품 및 티켓의 구입 지속적인 응원(팬이 됨)

SDGs 기여도가 낮은 기업 및 아티스트

SDGs 기여도가 높은 기업 및 아티스트

Point
✔ SDGs 열기가 높아짐에 따라 SDGs 기여도를 판단 기준으로 하는 투자자 및 구매자가 늘고 있다.
✔ 마이닝에서 사용하는 대량의 전력소비·CO_2 배출이 지구 환경에 악영향을 주는 것이 아닌가 하는 염려의 목소리가 있다.

≫ SDGs②
마이닝에서의 사용 전력 대책

재생 가능 에너지로 발전한 전력을 이용 //

NFT가 지구 환경에 친화적이지 않다고 말하는 것은 마이닝에서 대량의 전력을 소비하고, 이 발전에 석유, 석탄, 천연가스 등의 화석 연료가 이용되어 CO_2를 배출하기 때문입니다(그림 5-15). 이 CO_2 배출량을 줄이는 방법의 하나로 **재생 가능 에너지**를 사용한 발전을 하는 것을 들 수 있습니다. 예를 들어 목질 바이오매스 등을 연료로 사용해 발전한 전력을 이용하여 마이닝하면 NFT 발행 및 거래에서의 CO_2 배출량을 억제할 수 있습니다(그림 5-16). 테슬라사의 일론 머스크 CEO도 비트코인 결제를 일시 정지했을 때, 결제 재개 조건으로 마이닝의 재생 가능 에너지 이용률 향상을 시사했습니다.

전력 소비를 삭감하는 컨센서스 알고리즘의 이용 ////////////////////////////////////

마이닝에서 대량의 전력을 소비하는 것은 **PoW**(Proof of Work, 2-12 절 참조)라는 계산량에 의존한 컨센서스 알고리즘을 사용하고 있기 때문입니다. 이것을 **PoS**(Proof of Stake)라고 하는 **보유 통화량이나 보유 기간에 의존한 컨센서스 알고리즘으로 변경함으로써 필요 전력을 삭감할 수 있습니다**(그림 5-16).

예를 들어 이더리움은 2022년 9월 15일에 PoS로 가동하도록 개정되어 있으며, 전력 사용량을 이전(갱신 전 이더리움)에서 약 99% 삭감할 수 있을 것이 전망되고 있습니다. 플로, 테조스, 솔라나 등의 NFT가 발행되고 있는 블록체인에서도 PoS가 이용되고 있습니다(솔라나는 PoS를 이용한 후, PoH(Proof of History)라고 하는 독자적인 구조를 채용).

PoS 외에 보유 통화량에 따라 투표권을 부여하고 투표를 통해 거래 승인을 위임하는 DPoS(Delegated Proof of Stake) 등의 컨센서스 알고리즘도 등장하고 있습니다. 이러한 전력 소비가 적은 컨센서스 알고리즘을 사용한 블록체인으로 NFT를 형성함으로써 CO_2 배출량을 억제할 수 있습니다.

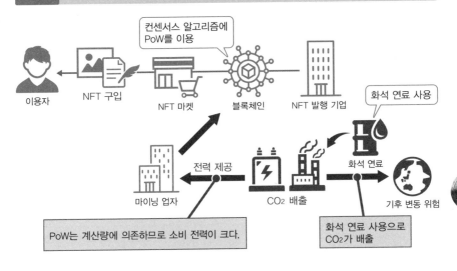

그림 5-15 마이닝에 의한 사용 전력과 CO_2 배출(이미지)

PoW는 계산량에 의존하므로 소비 전력이 크다.

화석 연료 사용으로
CO_2가 배출

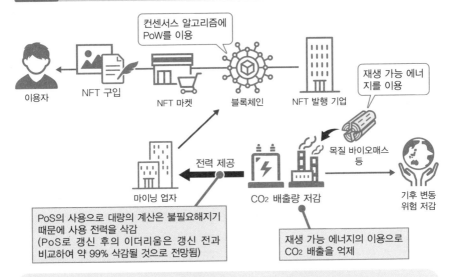

그림 5-16 마이닝의 사용 전력 대책 예(이미지)

PoS의 사용으로 대량의 계산은 불필요해지기 때문에 사용 전력을 삭감
(PoS로 갱신 후의 이더리움은 갱신 전과 비교하여 약 99% 삭감될 것으로 전망됨)

재생 가능 에너지의 이용으로 CO_2 배출을 억제

Point

✔ 마이닝에 재생 가능 에너지를 이용하여 CO_2 배출량을 줄일 수 있다.

✔ 필요 전력을 삭감할 수 있는 컨센서스 알고리즘(PoS 등)의 이용으로 전력 사용량이 이전보다 약 99% 삭감될 것으로 전망된다.

≫ SDGs③
NFT, 블록체인 기술로 SDGs 활동의 지원

NFT, 블록체인 기술로 카본 오프셋을 촉진

NFT, 블록체인 기술로 SDGs 활동 촉진을 지원하는 사례로 **카본 오프셋**을 들 수 있습니다. 카본 오프셋이란 배출량에 걸맞은 CO_2의 삭감 활동에 투자함으로써 CO_2 배출량을 상쇄하는 사고방식입니다. **기업이나 단체 등이 CO_2 삭감 효과를 의미하는 카본 크레딧을 구입함으로써 다른 기업, 단체로의 CO_2 삭감 활동 지원을 촉진할 것으로 기대되고 있습니다.**

카본 오프셋에서는 카본 크레딧이 악용, 이중 등록되는 등의 부정 방지가 과제이며, 거래 환경에 변조 저항성, 추적 능력이 높은 블록체인 기술이 활용되고 있습니다(그림 5-17). 예를 들어, 복제 불가라는 NFT의 특성을 살려 카본 크레딧을 NFT화하는 경우도 있습니다.

블록체인 기술을 이용한 트레이서빌리티의 확보

CO_2 배출량을 의식해 삭감하기 위해서는 사용하는 제품의 생산부터 판매까지의 과정(서플라이 체인)을 파악할 필요가 있습니다. 이것을 **트레이서빌리티**라고 하는데, 하나의 제품을 생산하는 데 여러 회사가 관련되는 등, 서플라이 체인이 복잡한 업계에서는 트레이서빌리티의 확보가 과제입니다.

그래서 **블록체인 기술의 변조가 어려운 특징을 살려서 트레이서빌리티를 확보하는 움직임이 있습니다.** 예를 들어, 패션 업계의 TextileGenesis사(인도)에서는 모든 섬유를 추적 가능하게 하는 블록체인 기술을 개발하여 소재별로 자체 ID를 발행함으로써 섬유의 서플라이 체인의 과정을 추적할 수 있게 합니다. 이로써 완성품 제조업체는 제조 공정의 투명화를 도모할 수 있으며, 구매자는 구입한 상품이 지속 가능한 재료로 생산되고 있는 것을 확인할 수 있습니다(그림 5-18).

그림 5-17 카본 오프셋의 개념도

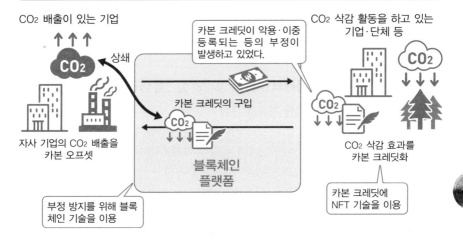

CO₂ 배출이 있는 기업

상쇄

CO₂

자사 기업의 CO₂ 배출을
카본 오프셋

부정 방지를 위해 블록
체인 기술을 이용

카본 크레딧이 악용·이중
등록되는 등의 부정이
발생하고 있었다.

카본 크레딧의 구입

CO₂

블록체인
플랫폼

CO₂ 삭감 활동을 하고 있는
기업·단체 등

CO₂

CO₂

CO₂ 삭감 효과를
카본 크레딧화

카본 크레딧에
NFT 기술을 이용

그림 5-18 트레이서빌리티의 개념도

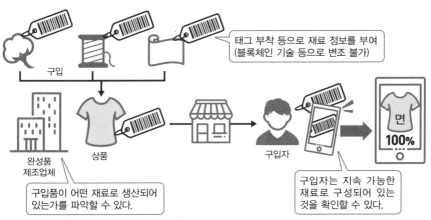

구입

태그 부착 등으로 재료 정보를 부여
(블록체인 기술 등으로 변조 불가)

면
100%

완성품
제조업체

상품

구입자

구입품이 어떤 재료로 생산되어
있는가를 파악할 수 있다.

구입자는 지속 가능한
재료로 구성되어 있는
것을 확인할 수 있다.

출처: 앞으로의 패션을 생각하는 연구회~패션 미래 연구회~
「제3회 미래를 향한 진화의 포인트 ②: 디지털이 및 바이오와의 융합」(URL: https://www.meti.go.jp/shingikai/mono_info_service/
fashion_future/pdf/003_03_00.pdf)를 바탕으로 작성

Point

✔ NFT, 블록체인 기술이 카본 오프셋을 촉진하고, 기업 및 단체의 CO₂ 삭감 활동을
지원하고 있다.

✔ NFT, 블록체인 기술이 제품의 트레이서빌리티 확보를 촉진하고, 서플라이 체인의
투명화를 지원하고 있다.

» SDGs④
NFT, 블록체인 기술을 이용한 SDGs 활동의 향후

NFT, 블록체인 기술을 이용해서 순환형 경제의 실현을 향해

순환형 경제(서큘러 이코노미)란 자원을 순환 이용하면서 새로운 가치를 계속해서 창출하는 시스템입니다. 리사이클과 달리 기존 폐기하던 것도 원료로 재활용하여 순환시켜 나가는 것이 특징이며, 여러 업계가 순환형 경제로 전환함으로써 기후 변화 위험을 저감 시키고자 합니다(그림 5-19). 이 순환형 경제의 실현에 있어서 NFT, 블록체인 기술을 이용합니다. 예를 들어 패션 업계에서는 사용한 의복을 분해하여 재이용 가능한 소재를 사용하여 CO_2 배출량 등을 억제하는데, 소재의 재이용에는 트레이서빌리티 확보를 빼놓을 수 없기 때문에 블록체인 기술을 이용합니다(그림 5-20).

또한, 현실공간에서 실물을 착용하는 패션이 메타버스 등의 **가상공간**에서 디지털 아이템을 착용하는 패션으로 대체해 나갈 경우, 옷 등의 물체 생산이 불필요하므로 자원 생산 및 폐기에 드는 CO_2 배출을 삭감할 수 있습니다. 가상공간에서는 디지털 자산의 관리 및 판매를 가능하게 하는 NFT의 특징이 활용됩니다.

NFT, 블록체인 기술로 SDGs 목표 달성을 촉진할 수 있다?

NFT가 발행되는 일부 블록체인 마이닝이 다량의 전력을 사용하는 것은 사실입니다. 그러나 마이닝에서의 전력과 CO_2 배출량을 억제하는 노력과 함께 **NFT, 블록체인 기술로 다양한 업계의 CO_2 배출량 삭감을 지원하는 대처도 실시되고 있으며, 결과적으로 CO_2 배출량이 기존보다 줄어들 가능성도 없지는 않습니다.**

또한 NFT, 블록체인 기술은 은행 계좌를 보유하지 않은 사람들에게 금융 서비스를 제공할 수 있기 때문에 금융포섭(5-14 절 참조)의 지원이라는 관점에서 SDGs의 단 한 사람도 소외하지 않겠다는 목표 달성에 기여할 가능성이 있습니다.

「NFT는 지구 환경에 친화적이지 않다」는 선입견으로 판단하지 않고 기업 및 개인의 대처를 종합적이고 객관적으로 평가하는 것이 필요합니다.

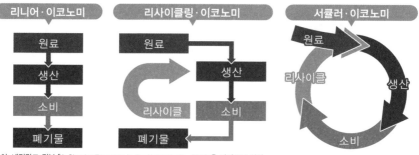

그림 5-19 순환형 경제(서큘러 이코노미)의 이미지

리니어 · 이코노미

원료
↓
생산
↓
소비
↓
폐기물

리사이클링 · 이코노미

원료
↓
생산
↓
소비
↓
폐기물
리사이클

서큘러 · 이코노미

원료
생산
소비
리사이클

출처: 네덜란드 정부 「A Circular Economy in the Networks by 2050」을 바탕으로 작성
(URL: https://circulareconomy.europa.eu/platform/sites/default/files/17037circulaireeconomie_en.pdf)

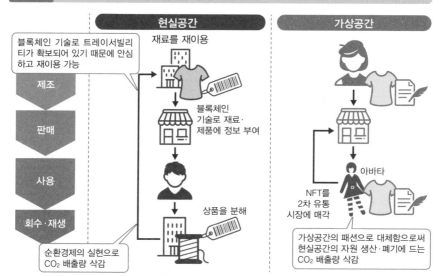

그림 5-20 NFT, 블록체인 기술을 이용한 순환형 경제와 가상공간과의 공존(예)

현실공간

가상공간

블록체인 기술로 트레이서빌리티가 확보되어 있기 때문에 안심하고 재이용 가능

재료를 재이용

제조
↓
판매
↓
사용
↓
회수 · 재생

블록체인 기술로 재료 · 제품에 정보 부여

상품을 분해

순환경제의 실현으로 CO_2 배출량 삭감

아바타

NFT를 2차 유통 시장에 매각

가상공간의 패션으로 대체함으로써 현실공간의 자원 생산 · 폐기에 드는 CO_2 배출량 삭감

출처: 앞으로의 패션을 생각하는 연구회~패션 미래 연구회~
「제3회 미래를 향한 진화의 포인트 ②: 디지털이 및 바이오와의 융합」(URL: https://www.meti.go.jp/shingikai/mono_info_service/fashion_future/pdf/003_03_00.pdf)를 바탕으로 작성

Point

✔ NFT, 블록체인 기술로 순환형 경제 및 가상공간과의 공존이 실현될 가능성이 있다.
✔ NFT, 블록체인 기술이 세계의 CO_2 배출량을 감소시킬 가능성도 있다.

》》금융①
분산형 금융의 등장

전통적인 금융: CeFi란?

전통적인 금융은 **CeFi**(세파이, 씨파이, Centralized Finance, 중앙집권형 금융)라고 합니다. CeFi는 은행, 보험, 거래소 등이 중앙관리자가 되어 법 규제에 따라 이용자에게 서비스를 제공합니다. 예를 들어 은행 면허를 가진 은행 등이 이용자(차입자)의 본인 확인 절차를 실시한 후, 거래 내용 등을 심사해 거래를 중개합니다(그림 5-21).

DeFi의 등장

DeFi(디파이, Decentralized Finance)란, **중앙관리자를 거치지 않고 무인으로 거래를 중개하는 구조**로, 블록체인상에 구축된 분산형 금융 시스템을 말합니다. DeFi는 스마트 계약의 프로그램이 거래를 실행하고, 프로그램의 구조(소스)는 **누구나 확인할 수 있습니다**. 설정된 조건을 만족하면 프로그램에 따라 거래가 강제로 집행되는 **거래 속도가 빠르고,** 중앙관리자가 부재로 **이용자의 지불 수수료가 저렴**하다는 특징이 있습니다(그림 5-22).

단, DeFi는 중앙관리자가 없고, 법 규제도 아직 정비되어 있지 않기 때문에 금리 등이 비교적 높은 반면 이용자에게 있어 위험도 존재합니다. 예를 들어 유동성을 공급하기 위해 제공한 자산이 DeFi 제공자에게 탈취된 사건이 과거에 여러 건 발생했습니다.

DeFi의 주요 서비스에는 DEX라는 분산형 거래소(Decentralized Exchange)가 있으며, 이용자끼리 암호 화폐 매매가 가능합니다. 그 밖에도 암호 화폐를 DeFi에 예치함으로써 금리 보수를 받는 일드 파밍(Yield Farming) 등 다양한 DeFi 서비스가 등장하고 있습니다(그림 5-23).

DeFi는 중개자의 신용 형태가 아닌 프로그램 내용을 공개하는 것으로 공평성을 유지하면서 중개자를 두지 않고 자동으로 저렴하게 거래를 집행하는 등, 지금까지 CeFi에는 없었던 특징을 가지고 있어 금융 업계에 파문을 던져 다양한 서비스 방식을 논의할 기회를 주고 있습니다.

그림 5-21 중앙관리자가 중개하는 금융거래 형태

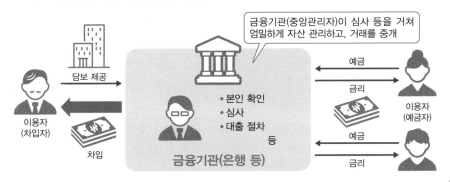

그림 5-22 DeFi에서의 금융거래 형태의 이미지

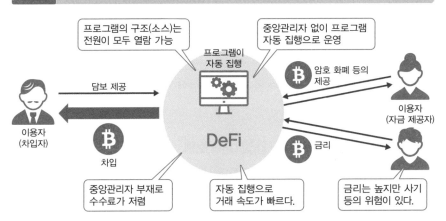

그림 5-23 DeFi 기능의 예

DeFi 기능의 예	개요
DEX(분산형 거래소)	이용자 간에서 암호 화폐의 매매를 자동 중개한다.
일드 파밍	DeFi에 암호 화폐를 예치함으로써 금리 보수를 받는다.

Point

✔ DeFi란 중앙관리자가 부재인 금융 서비스이다.

✔ DeFi의 장점은 프로그램의 내용을 열람할 수 있고 형평성이 담보되고, 거래 속도가 빠르고, 수수료가 저렴하다 등이다.

>> 금융②
분산형 금융이라는 금융 업계 변화의 가능성

DAO로 주식회사의 개념을 실현할 수 있다? ////////////////////////

DAO(분산형 자율조직)는 중앙관리자가 없고 스마트 계약에 의해 참가자 전원으로 운영이 이뤄지는 조직입니다. DAO의 운영 규칙은 전부 스마트 계약에 기록되어 있어 누구나 열람이 가능합니다. **DAO의 운영 방침은 거버넌스 토큰에 의한 투표로 의사결정됩니다.** 예를 들면 DAO가 운영하는 DeFi의 수수료율 등을 의사결정합니다 (그림 5-24). DAO가 운영하는 DeFi 등의 프로젝트로 이익이 난 경우, 거버넌트 토큰 보유자에게 이익이 분배되는 구조가 있는 DAO도 존재합니다. 이러한 구조에 의해 **중앙관리자 부재**의 새로운 조직 운영이 실현될 가능성이 있습니다.

한편으로 조직의 의사결정이 늦어질 가능성 및 스마트 계약의 버그 및 해킹 위험이 존재합니다. 미국 와이오밍주에서는 DAO가 법인으로 인정받았지만, 많은 나라에서는 법 규제가 정비되어 있지 않아 발생한 손실 등이 보상되지 않는 것도 주의가 필요합니다.

NFT를 담보로 한 암호 화폐 차입 및 DeFi 보험 ////////////////////

NFT를 활용한 DeFi 서비스로서 **NFT를 담보**로 이더리움 등의 암호 화폐를 빌리고 싶은 사람과 암호 화폐를 대출하여 이자를 벌고 싶은 사람을 매칭하는 DeFi가 있습니다. 이용자는 NFT 아트 등을 담보로 해서 암호 화폐를 차입할 수 있습니다(그림 5-25). 기일까지 암호 화폐가 반환되지 않으면 담보로 한 NFT는 대출자에게 자동으로 제공됩니다.

DeFi는 프로그램이 자동 집행하기 때문에 스마트 계약의 버그 등으로 인해 자신의 자산을 잃어버리는 등의 문제가 발생할 가능성이 있으며, 이러한 경우를 대비하여 **손실 보상 보험인 DeFi 보험이 제공되고 있습니다.** 보험을 든 DeFi에 버그가 발생하면 보험료를 지불할지 판정되고 이용자에게 보험금이 지불됩니다. DeFi 보험의 운영 형태는 다양하며, 보험금 지급 판정을 DAO가 실시하는 경우도 있습니다.

그림 5-24 커버넌스 토큰에 의한 DAO 운영의 이미지

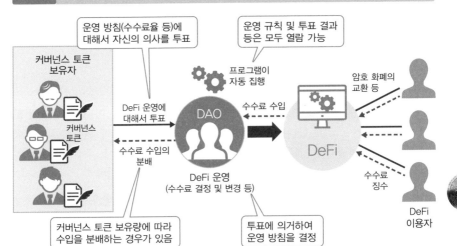

그림 5-25 NFT를 담보로 한 차입과 DeFi 보험의 이미지

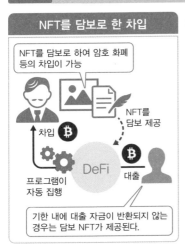

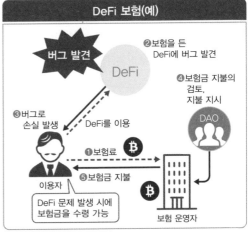

Point

✔ DAO는 거버넌스 토큰을 이용하여 참가자 전원이 운영 방법에 대해 투표를 실시하고 중앙관리자의 중개 없이 운영한다.

✔ NFT를 담보로 한 암호 화폐 대출 서비스나 DeFi 보험 등의 분산형 금융 서비스가 등장하고 있다.

》 금융③
일본에서의 NFT 금융 서비스

일본에서는 용도별로 ST(보안 토큰)와 NFT로 나눠서 관리 ////////////////////////

현재 일본의 경우는 이용자에게 이익 분배가 있는 토큰은 NFT가 아니라 **ST(보안 토큰.** 디지털 증권이라고도 합니다)로서 기존의 유가 증권과 동등하게 취급해야 한다고 법으로 정해져 있습니다. 예를 들어 사기성 자금 조달을 방지하기 위해 ST 발행 기업에는 금융상품 거래법에 입각한 정보 공개가 의무화되어 있습니다.

그래서 앞으로는 **용도별로 ST와 NFT로 나누어 관리하는 것이 활용될 것으로 예상됩니다.** 예를 들어 미쓰비시 UFJ 신탁은행의 경우 주식이나 채권과 같은 이익 분배권이 있는 종류의 토큰은 ST로, 주주우대나 회원권 등의 특전은 NFT로 관리하는 구조를 개발 중입니다. 이용자는 ST와 NFT를 스마트폰으로 일원 관리할 수 있고, 스마트폰으로 주주 우대(NFT)를 이용하거나 이용자 간에 NFT를 양도할 수 있게 됩니다(그림 5-26).

이용자에게 있어서 NFT 구입·관리의 문턱을 낮추는 서비스 ////////////////////////

중앙집권형 금융도 우리의 블록체인 거래를 풍요롭게 해주고 있습니다. 우리가 NFT를 구입하려면 일반적으로 자신의 월렛을 작성하고 그 비밀키를 관리하면서 암호 화폐를 구입하여 자신의 월렛으로 송금하고, 마켓플레이스에 월렛을 접속해야 합니다(그림 5-27). 절차도 번거롭고 비밀키를 잃어버리면 암호 화폐도 잃게 되기 때문에 암호 화폐에 익숙하지 않은 사람에게는 문턱이 높은 작업입니다.

그래서 신용카드 결제로 NFT를 구입하거나 자신의 월렛이 아닌 마켓플레이스의 월렛을 이용할 수 있는 마켓플레이스가 있습니다. 향후 신탁은행 등이 NFT를 보관하도록 하면 더 안심하고 맡길 수 있게 될 것입니다. 이러한 **결제** 및 **보관(커스터디)** 서비스는 우리가 NFT를 이용하는 문턱을 낮춰줍니다. 또한 이용자 본인 확인 절차를 실시함으로써 부정과 범죄의 발생 위험이 낮아져 이용자 보호 관점에서도 우수합니다.

그림 5-26 ST와 NFT를 이용한 주식 · 주주우대 관리의 이미지 그림

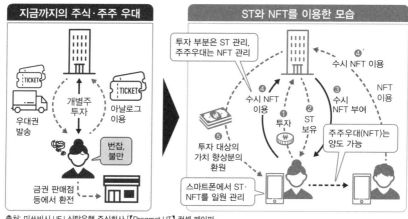

출처: 미쓰비시 UFJ 신탁은행 주식회사 「【Progmat UT】 컨셉 페이퍼」
(URL: https://www.tr.mufg.jp/ippan/pdf/progmat_ut.pdf)를 바탕으로 작성

그림 5-27 신용카드 결제, 보관 서비스의 이미지 그림

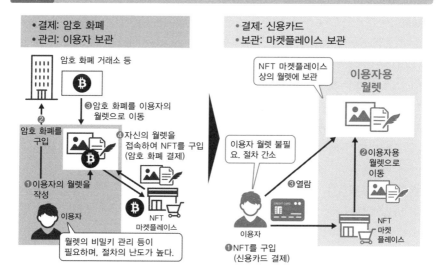

Point

✔ 일본에서는 서비스 용도에 따라 ST와 NFT로 나누어 토큰화될 가능성이 있다.

✔ NFT의 결제 및 보관(커스터디)이라는 금융 서비스가 발전하고 있다.

》 금융④
NFT×금융의 향후 전개

실물 자산의 NFT화와 소액 판매

NFT는 디지털 자산을 대상으로 발행되는 경우가 많은데, **실물 자산**의 NFT화도 이루어지고 있습니다. 예를 들어 UniCask사는 오크통 속에 포함된 증류주를 NFT화하여 **소액 판매**했습니다. NFT 구매자들은 오크통의 증류주를 병에 담아 현물로 받을 수 있는 구조로, NFT의 전매도 가능합니다(그림 5-28).

실물 자산의 NFT는 RWA(Real World Asset)라고 합니다. 향후 부동산 등에서 실물 자산의 NFT화가 진행되면 NFT 부동산을 담보로 한 대출 및 NFT 부동산의 소액 판매 등, 제공되는 서비스의 종류가 많아질 수도 있습니다.

NFT 게임, DeFi로 금융포섭의 실현을 지원

금융포섭이란 빈곤이나 차별 등에 의해 금융 서비스에서 뒤처지는 사람 없이 모든 사람들이 경제 활동에 필요한 금융 서비스를 이용할 수 있는 개념입니다. DeFi나 Play to Earn형 NFT 게임은 은행 계좌를 보유하지 않은 사람들에게 계좌 관리나 자금 차입 등의 서비스 제공이 가능하기 때문에 금융포섭 실현을 지원할 수 있을 것으로 기대되고 있습니다(그림 5-29).

한편으로 과제도 있습니다. 분산형 금융에서는 본인 확인 절차가 필요하지 않기 때문에 범죄자 등이 자금의 출처나 진짜 소유자를 알지 못하게 하는 **자금 세탁**에 대한 대책이 어렵습니다. 또한 DeFi를 이용할 때는 암호 화폐 지식을 비롯한 **고도의 리터러시가 요구됩니다**. 그래서 중앙관리자가 본인 확인 절차 및 자금 세탁 대책을 실시한 다음에 DeFi 서비스를 이용자에게 제공하는 CeFi와 DeFi의 서비스를 융합한 **CeDeFi**(세데파이)라는 형식도 등장하고 있습니다(그림 5-29).

DeFi · DAO · NFT를 통해 새로운 서비스가 탄생할 가능성이 있으나, 진화하는 과정이며, 규제의 방식이나 기존 금융 기관과의 연계 등 과제도 많이 남아 있습니다. 향후의 동향이 주목됩니다.

그림 5-28 실물 자산의 NFT화와 소액 판매

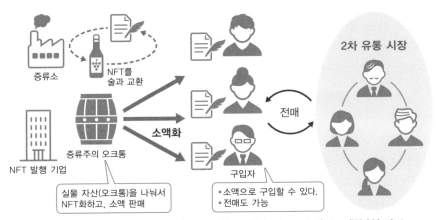

출처: UniCask사 「실물 자산×NFT Whiskey Cask NFT」(URL: https://jba-web.jp/cms/wp-content/uploads/2021/10/UniCask-
　　　whisky-x-NFT.pdf)를 바탕으로 작성

그림 5-29 금융포섭의 실현 지원과 CeDeFi

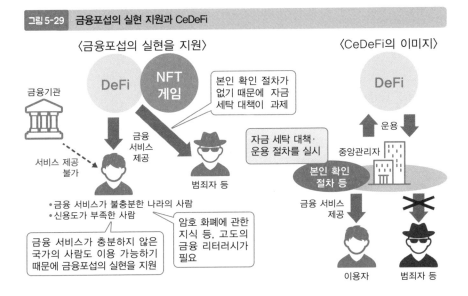

Point

✔ 실물 자산의 NFT화, 소액 판매 등의 서비스가 향후 발전해 나갈 가능성도 있다.

✔ NFT 게임, DeFi로 금융포섭 실현을 지원할 수 있는 가능성이 있으나, 자금 세탁 대
책이나 고도의 리터러시 필요성이 과제이다.

Decentraland에서는 가상 세계의 탐색을 쉽게 시작할 수 있습니다. 「게스트」로 입장하면 사용자 등록이나 암호 화폐 월렛과의 연결이 필요하지 않습니다. 다만, 현시점에서는 스마트폰을 대응하지 않기 때문에 PC가 필요하며, 언어는 영어뿐입니다.

먼저 Decentraland(https://decentraland.org/)에 접속하여 「JUMP IN」(시작) 버튼을 클릭합니다. 그다음, 「게스트」로 입장하기 위해서 「explore as a guest」(게스트로 참여) 버튼을 클릭합니다.

다음에 자신의 아바타를 만듭니다. 아바타는 모습, 피부색, 장식품 등을 선택할 수 있으므로 자신의 취향에 맞게 조합하세요. 이어서 아바타 이름과 이메일 주소를 등록하는 화면이 표시되므로 아바타의 이름을 입력합니다. 메일 주소는 입력하지 않아도 됩니다. 그다음, 서비스 및 프라이버시 정책에 동의하는 의미로 체크박스를 선택하고 JUMP INTO DECENTRALAND 버튼을 클릭합니다(이 정책에 동의하지 않는 경우는 이용을 중지해 주세요).

조작법을 안내하는 화면이 나오면 확인하고 마우스 왼쪽 버튼을 클릭합니다. 그러면 가상 세계에 입장하게 됩니다. 당신 앞에 가상 세계의 입구 홀이 나타납니다. 입구 홀 중앙에는 연못이 있고 연못 가운데가 폭포처럼 흘러내리고 있습니다. 「DIVING」이라고 적힌 간판 끝에 다이빙대가 있으니 받침대를 이용해 폭포로 뛰어드세요. 그러면 흘러내려 아래층의 방에 도착합니다. 그 방을 나와서 NFT 아트가 전시되고 있는 홀 「NFT HALLWAY」(좌표축 −3, −1)를 찾아 주세요. 홀 안에 들어가 전시되어 있는 NFT 아트를 즐깁시다.

또 개개의 NFT 아트 앞에 서면 「Ⓔ More Info」라고 표시되므로 그때 키보드의 Ｅ 버튼을 누르면 NFT 아트의 상세 정보를 볼 수 있습니다.

NFT의 전망

NFT가 확산되는 세계를 전망한다

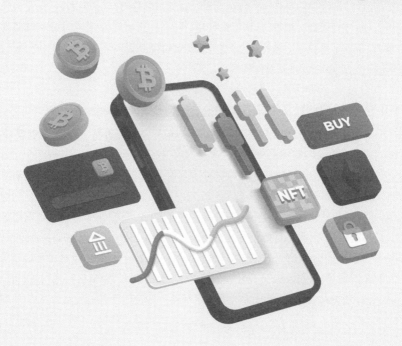

≫ NFT가 만들어 내는 프런티어의 가능성

NFT의 현재 위치와 미래의 발전 조건

NFT의 미래에 대한 로드맵을 그리기 위해 그 현황을 살펴보겠습니다. 그림 6-1에서는 세로축에 대체성, 가로축에 디지털성의 높낮이를 나타내고 사분면으로 구분하였습니다. **현재 위치는 높은 대체성과 디지털성이 낮은 실제 세계의 제2사분면과 NFT가 주류가 아닌 제1사분면의 "중간"이라고 생각할 수 있습니다.** 예를 들면 영상·음악은 디지털화되어 배포 시장이 주류가 되고 있습니다. 금융 세계에서는 블록체인 기술을 사용하여 대체성이 높은 부동산과 유가증권 등을 뒷받침 자산으로 하는 디지털 증권이나 알고리즘을 활용한 스테이블 코인이 발행되고 있습니다. 웹 2.0이 주류인데, 메타버스라고 하는 인터넷의 3차원화가 보이고 있습니다.

NFT가 주류가 되는 제4사분면으로의 패러다임 전환에는 인터넷의 3차원화에 의한 메타버스 등 가상공간으로의 참가자(소비자, 투자자)의 급격한 증가와 블록체인을 활용한 웹 3.0 세계로의 전환에 의한 개인 **크리에이터 이코노미** 보급이 조건이 됩니다(그림 6-2).

NFT가 만들어 내는 프런티어의 가능성

위 조건이 충족되면 **메타버스와 NFT가 함께 진화하고 융합하는 세상을 전망할 수 있습니다.** 거기에는 그림 6-1의 3사분면 미성숙 시장(옥석 가리기 시장)에 있어서의 다양한 에셋이 제1사분면을 통과하면서 오른쪽 아래의 제4사분면으로 이동합니다. 제4사분면은 개인의 경제권 혹은 "팬"의 경제권을 중심으로 하는 시장에서 "디지털 소유권"을 담보받은 유일무이한 가치를 지닌 NFT로 활발하게 발행되고 유통할 수 있습니다. 이를 통해 사회적으로나 경제적으로나 지금의 에코시스템과는 다른 프런티어를 NFT가 만들어 낼 가능성이 높아집니다. 그에 따라 현실의 세계에도 영향을 주어 퍼블릭 체인, 스마트 계약이 목표로 하는 **"코드 이즈 로**(코드는 법이다)"라고 하는 미국의 법학자 로렌스 레시그가 주창한 새로운 알고리즘의 세계로 변화하게 됩니다.

그림 6-1 NFT의 로드맵

발행 시장에서의 적정 가격, 유통시장에서의 매매
(발행체 정보 개시, 투자자·이용자 보호, 저작권 보호)

높은 대체성
(펀저블)

정보재의 적정한 대가를 받을 수 없다.
(담보로 하는 근원적 자산이 애매
(개발자, 저작자, 이용자 보호가 불충분)

2 금융·자본·부동산 등 기존 시장
(물리적 재산권·소유권)

부동산·인프라
자동차 등의 동산
회화, 소설, 음악, 게임 등의 아트
사업체·정부채·지방채 등
기업 출자 지분
통화

규제·법적 보호

티지털증권, 프로그램 가능 화폐

디지털화

1 디지털 에셋, 디지털 콘텐츠의 기존 시장
(배포 시장) (복제가 용이 저작권 보호가 어려움)

영상
게임
인물 재능
가상 통화
음악
디지털화의 방식이 포괄적으로 고도화
→시뮬레이션의 기술이 고도화
디지털 증권
(CeFi, 규제 DeFi)

낮은 디지털성 (물질적)

운반구
(유커증권·권리사, CD, DVD)
감정함

타지털 기술의 급속한 진전

CX의 진화   NFT

디지털성 높은

현실 세계에서 가상 세계

3 미성숙시장(옥석 가리기 시장)
(2차 이용 중고품 등을 포함하는 시장)

중고품·소프트웨어

개발 중 제품 소프트웨어 등
인물 재능
회화, 소설, 음악 등의 아트
자동차 등의 동산
부동산·인프라
벤처 기업
엔터테인먼트 (음악, 게임, 영상 등)
SDGs, ESG 등의 개념
개인·법인에 관련된 것

NFT

디지털 콘텐츠의 신시장
(NFT에 의한 2차 이용을 포함하는 저작권 관리)

가상세계의 인물·동산·부동산(공간)
게임
가상통화
영상
아트
디지털 증권
(DeFi, 완전한 ICO, IEO, STO)
음악
인물 재능

4

공정가격 없음, 유통시장에서의 매매 어려움
(개발자, 저작자, 이용자에게 필요한 보호가 불충분)

낮은 대체성
(비대체성, 논펀지블
팬적 요소 큼)

정보재의 적정한 대가를 받을 수 있는 가능성, 팬, 개인 경제권
(개발자, 저작자, 이용자 보호, 메타버스 운영자의
일원화, NFT의 표준화)

6

NFT의 전망

그림 6-2 NFT가 만들어 내는 프런티어의 가능성을 높이는 양대 요소

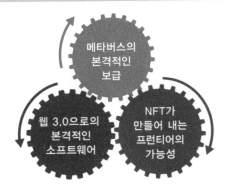

메타버스의 본격적인 보급

웹 3.0으로의 본격적인 소프트웨어

NFT가 만들어 내는 프런티어의 가능성

Point

✔ 대체성과 디지털성의 높낮이로 보면 현재 위치는 높은 대체성과 디지털성이 낮은 실제 세계의 제2사분면과 NFT가 주류가 아닌 제1사분면의 "중간"이다.

✔ 미래에 NFT가 만들어 내는 프런티어는 제4사분면이며, 메타버스와 NFT가 함께 진화하고 융합하는 세계이다.

≫ NFT와 메타버스가 융합하는 조건

NFT와 메타버스가 융합하는 조건 : 가상공간의 확장(3차원화) /////////////

NFT와 메타버스는 융합되어 있는 것으로 자주 언급되는데, 현재 상황은 다릅니다 (그림 6-3). 양자의 융합을 위해서는 먼저 메타버스가 VR을 의식시키지 않은 상태에서 3차원화된 가상공간으로 진화해야 합니다. 그렇게 되면 주로 게임에서 활용되고 있는 메타버스를 민간기업, 행정기관이 도시 조성 등에 채용하게 되어 사회 전체에 보급될 것입니다. 그러나 콘텐츠 부족 및 기술적인 제약이 있어 메타버스 참가자 (사용자=소비자=투자자)는 **이노베이터, 얼리어댑터**에 머물러 있는 상태입니다. **크리티컬 매스**의 수준까지 보급하려면 메타버스가 진화해야 합니다(그림 6-4). 그것이 없으면 참가자의 현실 세계, 즉 "일상"을 가상공간이 대체할 수 없습니다.

NFT와 메타버스가 융합하는 조건 : 웹 3.0의 보급 /////////////

실제로 메타버스의 진화에서는 NFT 혹은 블록체인의 진화는 필요한 요소가 아닙니다. 두 분야가 융합된 「Decentraland」 등의 사례는 있으나, 수억 명의 메타버스 사용자를 보유한 게임 「Fortnite」와 비교하면 그 수준은 크게 다릅니다. 기술적으로는 비트코인 등의 암호 화폐 보급과 이더리움 블록체인 기술이 플랫폼 혁신으로 이어질 것이라는 과도한 기대가 있을 것입니다. 현 상태에서도 기술, 인재, 가치관에 있어서 두 분야의 참가자에게는 격차가 있다고 상정됩니다.

크리티컬 매스를 넘는 사용자 수를 가진 메타버스와 NFT가 결합한 프로젝트가 부상되면 NFT로의 매매·유통이 본격적으로 활성화될 것입니다. 그로 인해 금융을 포함한 다양한 서비스를 모네타이즈(현금화)하는 것이 가능해지며, NFT와 메타버스의 융합이 보이게 될 것입니다. 다만, 현재의 기존 게임 내 과금만으로도 충분한 수입을 얻고 있는 운영자가 NFT를 통합한 구조에 임할 동기가 있는지가 과제입니다. NFT와 메타버스가 융합하기 위한 조건을 고려해야 합니다.

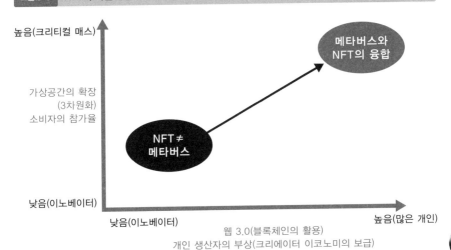

그림6-3 NFT의 폭발적인 보급에는 메타버스와의 융합이 불가결

높음(크리티컬 매스)

가상공간의 확장
(3차원화)
소비자의 참가율

NFT ≠
메타버스

메타버스와
NFT의 융합

낮음(이노베이터)

낮음(이노베이터)　　　　　　　　　　　　　　높음(많은 개인)

웹 3.0(블록체인의 활용)
개인 생산자의 부상(크리에이터 이코노미의 보급)

그림6-4 메타버스의 진화와 웹 3.0의 보급 조건

메타버스의 진화	웹 3.0의 보급
컴퓨터의 성능 향상	GAFA(웹 2.0)로부터의 탈피
통신 속도의 개선	CGM 중시에서 크리에이터 중시 경제로 시프트
3DCG의 기술 향상	대기업 DAO의 부상
VR의 진화	블록체인 기술의 향상
게임에서 사회 전반으로	코드 이즈 로와 기존의 법 규제의 정합성 확보
디지털 트윈	필요한 금융 서비스·각종 서비스(신탁)의 침투
현실을 뛰어넘는 가상공간	모네타이즈할 수 있는 환경 정비

Point

✔ 최종적으로는 메타버스와 NFT의 융합이 이상적인 모습이지만 현 상황은 다르다.

✔ 사용자 수가 크리티컬 매스를 넘는 메타버스 프로젝트가 존재하는 것이 NFT의 매매·유통이 본격화하기 위해서 필요한 조건이다.

✔ 사용자 수가 폭발적으로 증가하고 NFT의 매매·유통이 활성화되면 다양한 서비스를 모네타이즈하는 것이 가능해져 융합이 보이게 된다.

✔ 현재의 기존 게임 내 과금만으로도 충분한 수입을 얻고 있는 운영자가 NFT를 통합한 구조에 임할 모티베이션이 있는지가 과제이다.

NFT의 전망

6

≫ 메타버스의 진화에 필요한 기술적인 요건과 선도 기업

메타버스의 진화에 필요한 기술적인 요건

메타버스의 진화는 현재의 2차원 인터넷 환경을 3차원으로 하기 위해서 필요합니다. 이를 위해서는 그림 6-5와 같이 컴퓨터 성능의 향상, 통신 속도의 개선, 3DCG 기술의 향상, VR의 극적인 진화 등, 기술적 조건을 충족해야 합니다.

특히 컴퓨터 성능의 향상은 가상공간이 현실 공간에 어디 정도로 근접해야 하는지에 따라 결정됩니다. 사람의 눈 수준까지 해상도를 높이는 가상공간을 구현하려면 컴퓨터 측의 부담은 막대해집니다. 게다가 통신 속도도 현실 공간과 실시간으로 가상공간과 연결해야 할지, 6G가 필요한지 등 과제가 있습니다. 덧붙여 VR 사용자에 대한 부담을 줄여야 합니다. 무거운 헤드셋을 상시 착용하는 현 상황을 안경이나 콘택트 렌즈처럼 착용되는 상태로 하고, 나아가 시공간 안경처럼 만들기 위한 기술적 과제가 많이 남아 있습니다(그림 6-6). 더불어 신체는 움직이지 않은 상태에서 이미지만 움직이는 상황에 뇌가 익숙해져야 한다는 문제가 남습니다.

메타버스의 진화를 선도하는 기업: Epic Games

위의 기술적인 조건을 충족하는 것 이상으로, 많은 크리에이터에 의한 콘텐츠가 늘어나지 않으면 매력적인 메타버스는 창출되지 않습니다. 그러기 위해서는 자금력, VR과 메타버스를 진화시키는 기술력, 그것들을 활용한 비즈니스에 정통한 선도 기업이 계속해서 견인해 나가는 역할이 중요합니다. 예를 들어 『Fortnite』를 운영하고 있는 게임 엔진의 제공자인 Epic Games사가 선도 기업으로 기대되고 있으며, 이 회사가 어디까지 그 역할을 하느냐에 따라 어느 정도 많은 크리에이터들이 참여할지가 결정될 것입니다. 선도 기업의 대처가 메타버스와 NFT의 융합을 결정하는 크리티컬한 요소라고 할 수 있을 것입니다.

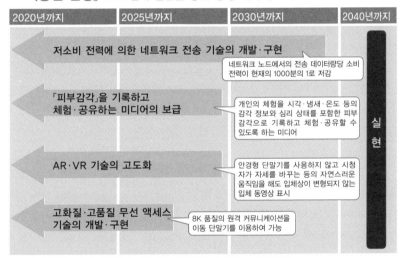

그림 6-5 기술의 발전과 동시에 높아지는 선도 기업의 역할

기술

- VR
- 3DCG 기술
- 통신 속도
- 컴퓨터 성능

선도 기업

- 규제 대응
- 자금력
- 비즈니스
- 기술력

그림 6-6 가상공간과 현실세계의 융합으로의 기술적 과제의 사례(시공간 안경)

「시공간 안경」 2030년대 실현을 향한 공정 이미지

| 2020년까지 | 2025년까지 | 2030년까지 | 2040년까지 |

저소비 전력에 의한 네트워크 전송 기술의 개발·구현

네트워크 노드에서의 전송 데이터량당 소비 전력이 현재의 1000분의 1로 저감

「피부감각」을 기록하고 체험·공유하는 미디어의 보급

개인의 체험을 시각·냄새·온도 등의 감각 정보와 심리 상태를 포함한 피부 감각으로 기록하고 체험·공유할 수 있도록 하는 미디어

AR·VR 기술의 고도화

안경형 단말기를 사용하지 않고 시청 자가 자세를 바꾸는 등의 자연스러운 움직임을 해도 입체상이 변형되지 않는 입체 동영상 표시

고화질·고품질 무선 액세스 기술의 개발·구현

8K 품질의 원격 커뮤니케이션을 이동 단말기를 이용하여 가능

실현

KPI(예): 방문한 외국인 여행자 수 2020년: 4000만명, 2030년: 6000만명

출처: 정보통신심의회 정보통신정책부회 IoT 신시대 미래만들기 검토위원회
「미래를 잡는 TECH 전략,~정리~」를 바탕으로 작성
(URL: https://www.soumu.go.jp/main_content/000575127.pdf)

Point

✔ 메타버스의 진화는 현재의 2차원 인터넷 환경을 3차원으로 하기 위해서 필요하다.

✔ 가상공간과 현실 세계의 융합에는 컴퓨터의 성능 향상, 통신 속도 개선, 3DCG 기술 향상, VR의 진화 등 기술적 조건을 충족해야 한다.

✔ 기술적 과제를 해결하기 위해서는 선도 기업의 자금력, VR과 메타버스의 기술력, 이를 활용한 비즈니스의 실현이 중요

>> 3차원 공간으로의 본격적인 이행과 사람의 외모 · 내면의 확장

디지털 트윈 등의 가상공간을 채용하는 주체의 확대

3차원 공간으로의 이행은 메타버스와 디지털 트윈의 입구까지는 기존 기술의 발전 범위에서 보이고 있다고 말할 수 있습니다(그림 6-7). 디지털 트윈은 주로 기업의 업무 효율화를 목적으로 활용되어 왔는데, 시부야나 싱가포르 등의 도시 조성 등, 그 적용 범위가 넓어지고 있습니다. 사회가 참여하는 **3차원 공간으로의 본격적인 이행**에는 행정 기관이나 민간 사업자를 포함한 조직을 아우르는 데이터 통합 · 활용 요구가 증가하며, BtoB 비즈니스가 활성화되는 것이 중요합니다.

나아가 양자 컴퓨터가 보급되며 통신기술도 6G가 되고, 이를 감당할 수 있는 정보수집이 가능해지면 3차원 공간은 현실 공간을 넘어 확대될 것입니다. VR과 3DCG가 극한까지 진화하면 현실과 동등한 가상공간이 완성되고 **시뮬레이티드 리얼리티**의 세계에 접근합니다. 지구를 덮도록 수백 개의 소형 위성을 배치하여 관측하는 위성 컨스텔레이션이라는 기술이 실용화되고 있습니다. **우주 클라우드 서비스**를 미래 시나리오로 제시하고 있으며, 시시각각 변화하는 지상 상황을 자세히 관찰할 수 있습니다(그림 6-8)

사람의 외모 · 내면의 가상공간에서의 확장

메타버스의 가장 큰 특징은 아바타를 통한 사람의 확장입니다. 현재 상태는 사용자가 처음부터 만들어야 하지만 AI와 메타버스의 융합이 진행되면 AI가 자동으로 생성할 수 있을 것입니다. 사람의 디지털 트윈 개발도 진행되고 있습니다. NTT(역주: 일본의 통신회사)가 연구 개발하는 「**인간 DTC**」는 인격 및 사고라는 사람의 내면을 디지털 공간에서 표현하는 것을 목표로 하고 있습니다. AI를 이용한 음성 · 언어 · 이미지 등의 인식 · 생성 기술이나 뇌과학을 포함한 생물 · 의학 분야뿐만 아니라 윤리 · 철학 및 행동경제학과 같은 인문계 분야를 포함한 여러 연구 분야에 이르기 때문에 **사람의 외모뿐만 아니라 내면의 확장이 진행될 가능성**이 있습니다.

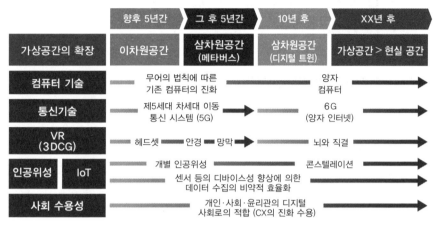

그림 6-7 이차원 공간에서 삼차원 공간으로의 로드맵과 필요 조건

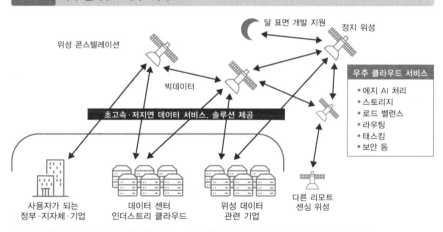

그림 6-8 우주 클라우드 서비스의 구조

출처: 일본 총무성 국제전략국 우주 통신 정책과 「Beyond 5G 실현을 위한 우주 네트워크에 관한 기술 전략에 대하여」
　　(URL: https://www.soumu.go.jp/main_content/000790343.pdf)

Point

✔ 3차원 공간으로의 이행은 메타버스와 디지털 트윈의 입구까지는 기존 기술의 발전으로 보이고 있다.

✔ 디지털 트윈을 활용하기 위해서는 공공과 민간 울타리를 넘어선 데이터 통합·활용 요구가 증가하며, BtoB 비즈니스가 활성화되는 것이 중요하다.

✔ 사람의 디지털 트윈 개발도 진행되고 있으며, 외모뿐만 아니라 내면의 확장이 진행될 가능성이 있다.

» 대형 DAO의 출현이 웹 3.0 사회의 수용성을 좌우

웹 3.0이 지향하는 크리에이터 이코노미라는 새로운 프런티어

메타버스와 NFT의 융합에는 **크리에이터 이코노미의 실현이 필요합니다.** 그러기 위해서는 디지털 데이터를 무료로 복사할 수 있는 환경에서 SNS상의 유튜버가 경제적 성공을 거두고 있는 웹 2.0에서 벗어나야 합니다. 즉, 중앙집권적으로 GAFA가 제공하는 클라우드에서 관리되던 데이터의 주도권을 되찾아 SSI(Self-Sovereign Identity: 자기주권형 ID)를 실현하고 **수요가 높은 디지털 작품을 창출하는 크리에이터가 경제적 성공을 거둬야 합니다.** 여기에 NFT가 보급되는 열쇠가 있으며, NFT는 모든 크리에이터에게 콘텐츠를 창작하는 인센티브를 지금보다 더 줄 수 있습니다. 기술적으로는 블록체인 기술이 발전하고, 프라이버시 보호, 스케일러빌리티와 상호 운용성을 유지하는 것이 필요합니다(그림 6-9).

대형 DAO의 출현

웹 3.0이 정착하려면 스마트 계약/Dapps(Decentralized applications, 2-15 절 참조)의 보급이 필요합니다. 거기에서는 기존의 법 규제를 준수하는 중앙집권적 특성이 남아있는 프라이빗 컨소시엄 체인 상에서 활용되는지, 퍼블릭 체인 상에서 활용되어 "코드 이즈 로"가 되는지에 따라 의미가 달라집니다.

여기에서는 후자의 세계를 견인하는 DAO가 중요한 역할을 합니다. 현재 우후죽순 출현하고 있지만, 이것들이 도태되고 **GAFA와 같은 대형 DAO의 출현이 기대됩니다.** 그러기 위해서는 벤처 캐피털 DAO의 비즈니스 모델의 통찰력이 필요합니다. 현재 암호 화폐 가격이 하락하고 있는 가운데 DAO 등의 사업 환경이 크게 악화되고 있습니다. **토큰 거버넌스**(토큰 보유자에 의한 통치구조)를 포함한 DAO의 집약화가 진행되어, 대규모이고 강력한 DAO의 대두가 기대됩니다. 이로써 가상 세계의 사회 수용성이 높아져 갈 것으로 예상됩니다(그림 6-10).

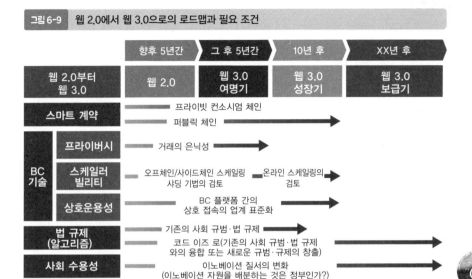

그림6-9 웹 2.0에서 웹 3.0으로의 로드맵과 필요 조건

	향후 5년간	그 후 5년간	10년 후	XX년 후
웹 2.0부터 웹 3.0	웹 2.0	웹 3.0 여명기	웹 3.0 성장기	웹 3.0 보급기

스마트 계약
프라이빗 컨소시엄 체인
퍼블릭 체인

BC 기술
- **프라이버시** — 거래의 은닉성
- **스케일러빌리티** — 오프체인/사이드체인 스케일링 샤딩 기법의 검토 → 온라인 스케일링의 검토
- **상호운용성** — BC 플랫폼 간의 상호 접속의 업계 표준화

법 규제 (알고리즘) — 기존의 사회 규범·법 규제 / 코드 이즈 로(기존의 사회 규범·법 규제와의 융합 또는 새로운 규범·규제의 창출)

사회 수용성 — 이노베이션 질서의 변화 (이노베이션 자원을 배분하는 것은 정부인가?)

그림6-10 현실 세계와 가상 세계의 융합으로 사회 수용성이 높아져 간다

동일 가치가 될 가능성

동일 가치를 달성하지 않으면
사회 수용성이 높아지지 않는다.

현실 세계
(기존의 규제·규범)
현실 세계 속에서 분단

가상 세계
(코드 이즈 로)
가상 세계 속에서 분단

웹 3.0의 보급은 어렵다.

분단될 가능성

Point

✔ 메타버스와 NFT의 융합에는 크리에이터의 참여가 많아짐으로써 크리에이터 이코노미 실현이 필요

✔ 수요가 높은 디지털 작품을 처음부터 창출하는 크리에이터가 경제적 성공을 거둘 필요가 있다.

✔ 웹 3.0 세계를 견인하는 웹 2.0에서의 GAFA와 같은 대형 DAO가 중요한 역할을 한다.

≫ DeFi를 통한 기존의 금융 에코시스템의 변혁 가능성

격차가 큰 DeFi와 기존의 CeFi

블록체인 기술의 활용이 진행되고 있는 금융 분야는 DeFi(5-12 절 참조)라는 영역입니다. DeFi에 대해 금융청은 금융 안정 이사회(FSB)의 보고서를 인용하여, 「분산대장 기술(일반적으로는 퍼블릭 그리고 퍼미션리스형의 블록체인)을 토대로 중개자가 필요하지 않도록 기획한 금융 서비스나 상품을 제공하는 것」이라고 설명했습니다.

DeFi와 기존 CeFi의 차이점은 ①오픈이라는 점(오픈소스 기술을 채택하여 기술적인 전문 지식을 가진 자라면 누구나 소스코드를 읽을 수 있음), ②트러스트리스(암호 화폐 등에서 필요한 담보를 제공할 수 있는 사람이라면 누구나 자동 거래로 이용 가능하며, 플랫폼 상의 스마트 계약을 통한 초과 담보 및 필요 마진 프로그램 집행에 의해 이용자의 신원 확인과 차용인의 신용 위험평가를 대체), ③퍼미션리스(요건을 충족시킬 수 있다면 누구나 프로토콜의 사용이 가능), ④소유권과 거버넌스 구조의 분산화 주장 등 4가지가 있고, **기존 금융 플랫폼의 적합성은 낮다**고 금융청은 지적하고 있습니다(그림 6-11).

DeFi를 통한 기존 금융 에코시스템의 변화 가능성

문제는 DeFi의 기술적 혹은 구조적 특성이며, 그것이 금융의 에코시스템 안에 융합되는 것이 가능한가 하는 것입니다. 절충안은 CeDeFi(세디파이)일 것입니다. 그림 6-12는 보안 토큰을 예로 들어 기존의 CeFi와 DeFi를 한층 더 분류한 것입니다. 위의 기존 금융과의 차이점을 감안하면 「STO 영역에서의 CeDeFi, 규제 DeFi」가 도입될 가능성이 있습니다. 예를 들어, 「오픈」인 특성을 활용하면서 기존의 금융 상품 거래법에 의거해(트러스티드), DeFi 프로토콜은 요건을 엄격하게 해 사용에 제한을 두는(퍼미션드) 형태를 채용하면 금융과의 차이를 메울 수 있을 것으로 생각됩니다.

그림 6-11   DeFi와 기존 금융의 차이

DeFi와 CeFi의 차이

클로즈	오픈소스의 기술 소스코드의 개방	오픈
퍼미션드	프로토콜은 요건을 충족할 수 있으면 누구나 사용 가능	퍼미션리스
트러스티드	이용자의 신원 확인 < 암호 화폐 거래에 필요한 담보, 초과 담보	트러스티드
약함	소유권과 거버넌스 구조 거버넌스 토큰(관리 키를 보유한 창업자의 보유자에 의한 투표권 행사, 거버넌스 집중)	강함

출처: 디지털 · 분산형 금융으로의 대응 방식 등에 관한 연구회(제6회) 「사무국 설명」 자료
　　(URL: https://www.fsa.go.jp/singi/digital/siryou/20220620/jimukyoku.pdf)을 바탕으로 작성

그림 6-12   기존의 DeFi와 DeFi를 한층 더 분류한다

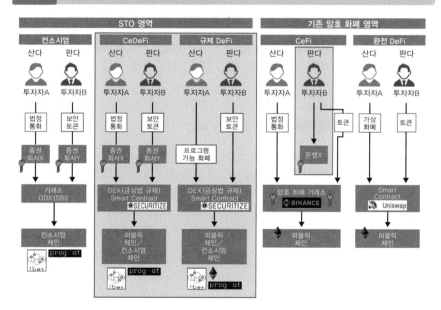

6
NFT의 전망

Point

✔ 금융청이 지적하듯이 4가지 관점에서 DeFi와 기존의 CeFi에는 큰 차이가 있다.

✔ DeFi의 기술적 혹은 구조의 특성이 기존 금융과는 다르다는 것이 문제이며, 그것이 금융 에코시스템 안에 융합되는 것이 가능한지 여부이다

✔ 「STO 영역에서의 CeDeFi, 규제 DeFi」가 도입될 가능성이 있다.

》 메타버스와 NFT의 융합에 필요한 웹 2.5라는 개념

실제 세계를 올바른 방향으로 이끄는 것이 가상공간을 유토피아로 만든다 〉〉〉〉

이 장의 전반부에서는 메타버스와 NFT의 융합이 필요하며, 특히 사용자와 크리에이터를 증가시키는 것이 중요하다고 언급했습니다. 후반부에서는 두 가지 측면이 증가 가능하더라도, 금융을 포함한 기존의 생태계와 어떻게 절충해 나갈지에 초점을 맞췄습니다.

이러한 사항을 고려하면 **크리에이터와 사용자를 "건전하게 늘리는 것"**이 중요하다고 생각됩니다(그림 6-13). 건전하게 늘리지 않으면, 예를 들어 일단 움직이기 시작한 많은 DAO를 멈출 수 없게 되어 **알고리즘 민주주의**가 지배하는 가상공간이 많아지며, 가상 세계의 분열을 초래하고 현실 세계의 분단을 더욱 조장해 복잡해질 가능성이 높아집니다. 미래의 가상공간을 디스토피아로 만들지 않도록 실제 세계를 올바른 방향으로 이끄는 것, 사회적 규범·법 규제 하에 올바른 민주주의·자유주의를 유지하는 것이 중요합니다

메타버스와 NFT의 융합에 필요한 웹 2.5 개념 〉〉〉〉〉〉〉〉〉〉〉〉〉〉〉〉〉〉〉〉〉〉〉〉〉〉〉〉

"건전한" 메타버스와 NFT의 융합을 위해서는 **웹 2.5**라는 개념이 필요합니다(그림 6-14). 이것은 금융 에코시스템이 DeFi와의 정합성을 도모하기 위해서는 CeDeFi가 필요하다고 설명한 것처럼 갑자기 "코드 이즈 로"의 세계로 시프트하는 것이 아니라 기존의 규제·규범에 준거한 중간적인 세계가 필요하다고 생각되기 때문입니다. 이를 통해 **웹 3.0을 이끌어가는 대형 DAO도 토큰 거버넌스의 문제점을 해결할 가능성이 높아집니다.**

이것은 일부 DeFi 프로토콜은 거버넌스 토큰 보유자에 의한 투표(전통적인 금융에서의 주주 의결권과 유사한 것으로 이해)에 의존하도록 계획하고 있는데, 해당 토큰의 대부분을 보유한 DeFi 프로젝트 관계자 등을 통해서 거버넌스가 집중되는 경우가 있기 때문입니다. 기존의 규제·규범을 중요하게 생각하는 것이 건전한 메타버스와 NFT의 융합을 이룰 수 있다는 것을 크리에이터와 사용자 모두가 인식해야 할 것입니다.

그림 6-13 건전한 NFT와 메타버스의 융합이 필요

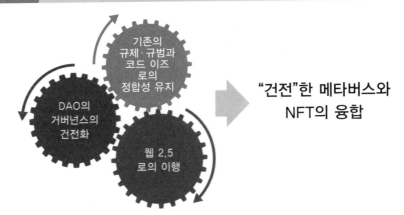

건전한
크리에이터 수의
증가

건전한 소비자
(사용자) 수의
증가

웹 2.0에서
웹 2.5로

"건전"한 NFT와
메타버스의 융합

그림 6-14 웹 2.5로의 이행에 필요한 요소

기존의
규제·규범과
코드 이즈
로의
정합성 유지

DAO의
거버넌스의
건전화

웹 2.5
로의 이행

"건전"한 메타버스와
NFT의 융합

Point

✔ "건전한" 메타버스와 NFT의 융합을 위해서는 크리에이터와 사용자(소비자)를 건전
하게 늘리는 것이 중요

✔ 웹 3.0으로 이행하는 것을 목표로 하기보다 웹 2.5라는 개념이 필요하다.

✔ 대형 DAO도 웹 2.5의 단계를 밟음으로써 토큰 거버넌스의 문제점을 해결할 가능성
이 높아진다.

✔ 기존의 규제·규범을 중요시하는 것이 건전한 메타버스와 NFT의 융합으로 이어진
다는 것을 크리에이터, 이용자 전원이 인식할 필요가 있다.

6-1 절에서는 세상에 있는 다양한 물건 및 서비스를 대체성의 높낮이 및 디지털성의 높낮이로 나눈 4분면으로 정리했습니다. 또, NFT에 의해서 물건 및 서비스의 "디지털 소유권"이 보장되면서 현재의 에코시스템과는 다른 프런티어가 창출될 수 있는 가능성을 설명했습니다. 요점은 물건 및 서비스가 제공하는 고객 체험과 가치는 NFT로 인해 인상된다는 것입니다.

그 정도를 높이기 위해서는 NFT가 물건 및 서비스에 어떻게 활용할 수 있는지를 비즈니스 영역별로 생각해야 합니다. 그것을 근거로 여기에서는 여러분 주변의 물건 및 서비스의 가치란 무엇인가를, 비즈니스 영역을 의식하면서 생각한 다음에 NFT의 비즈니스 가치를 고려하여 NFT화함으로써 어떤 고객 경험이 실현될 수 있는지를 생각해 봅시다. 다음의 항목에 대해 검토하고 작성해 보세요.

현실 세계의 물건 및 서비스와 비즈니스 영역	예) 음악 라이브의 전자 티켓
선택한 물건 및 서비스의 가치	예) 응원하는 아티스트의 라이브에 참가할 권리를 얻을 수 있는 것
NFT 비즈니스의 가치	예) 원본 증명
NFT화에 의해 가져오는 새로운 고객 체험	예) 음악 라이브 종료된 후에도 티켓을 소유하고 있으면 볼 수 있는 콘텐츠(프리미엄 라이브 동영상 등)가 제공되어 티켓이 가치를 지닌다

이를 계기로 NFT를 활용한 독자적인 서비스를 고려해 보는 것도 좋을 것입니다. 또한, NFT 구입을 고려하는 사람도, NFT로 초래되는 고객 경험의 기반이 되는 구조를 이 책을 참고하여 평가해 보는 것은 어떨까요?

용어 설명

* '➡' 뒤의 숫자는 관련된 본문의 절

6G (➡ 6-3)

약 2030년을 목표로 현재 개발 진행 중인 차세대 통신 규격. 현재 최신 규격인 5G보다 10배 이상 빠른 통신 속도가 예상된다.

51% 공격 (➡ 3-4)

PoW 컨센서스가 가장 긴(혹은 계산량이 많은) 체인이 올바르다고 간주된다는 특징을 이용해서, 네트워크의 과반수를 웃도는 계산 능력(해시 파워)을 가진 마이너가 존재하는 경우, 해당 마이너가 부정한 거래를 하는 것.

Axie Infinity (➡ 4-12)

「Play to Earn」이라는 모델을 창출하여, 2021년 12월에는 하루 액티브 사용자 수가 280만명 가까이 된다고 알려져 주목받은 베트남의 SkyMavis사가 개발한 블록체인 게임.

BCG (➡ 4-11)

블록체인 게임의 약어. 블록체인 기술을 온라인에 넣은 게임.

Beeple (➡ 1-7)

미국의 디지털 아티스트. 본명은 마이크 윙클맨. 2021년 3월에 작품의 NFT가 약 785억이라는 고가에 낙찰되어 화제가 되었다.

CeDeFi (➡ 5-14)

중앙관리자가 본인 확인 절차 및 자금 세탁 대책을 실시한 후 DeFi 서비스를 이용자에게 제공하는 CeFi와 DeFi의 서비스를 융합한 형식.

CeFi (➡ 5-11 · ➡ 6-6)

Centralized Finance(중앙집권형 금융)의 약어. 은행·보험·거래소 등이 중앙관리자가 되어 법 규제에 따라 이용자에게 서비스를 제공한다.

CryptoKitties (➡ 1-6)

2017년 11월 공개된 "가상 고양이"를 번식시키고 분양할 수 있는 온라인 게임. 이 게임이 인기를 끌면서 NFT에 대한 주목도가 높아졌다.

DAO (➡ 1-5 · ➡ 5-12 · ➡ 6-5)

Decentralized Automous Organization(분산형 자율조직)의 약어. 퍼블릭 블록체인을 이용하는 서비스 중, 서비스 운영 자체도 비중앙집권적으로 행하는 조직. 조직의 의사결정은 참가자의 제안과 투표에 의해서 이뤄진다.

Dapps (➡ 2-15)

Decentralized Applications의 약어. 스마트 계약을 이용하여 구축된 애플리케이션.

DeFi (➡ 5-11)

Decentralized Finance(분산형 금융)의 약어. 중앙관리자를 거치지 않고 무인으로 거래를 중개하는 구조이며, 블록체인상에 구축된 분산형 금융 시스템을 가리킨다. 설정된 조건을 만족하면 프로그램에 따라 거래가 강제적으로 집행되어 거래 속도가 빠르고, 중앙관리자의 부재로 이용자의 지불 수수료가 저렴하다는 특징이 있다

DID (➡ 3-13)

Decentralized Identity(분산형 아이덴티티)의 약어. 특정한 ID 관리 기반 제공자에게 의존하지 않는 것을 목적으로 ID 관리 기반으로 블록체인(분산대장)을 이용하는 구조.

Discord (➡ 4-3)

미국 Discord사가 개발하는 온라인 커뮤니케이션 툴. 원래 게이머용의 보이스챗 앱으로 시작했으나, 현재는 그 편리성으로 인해 용도가 확대되어 아티스트를 응원하는 팬 커뮤니티 공간 등으로도 사용된다.

EIP (➡ 2-17)

이더리움 커뮤니티 내에서 이더리움을 개선해 나가기 위한 다양한 논의가 이뤄지고 있으며, 논의를 통해 나온 제안을 가리킨다.

ERC (➡ 2-17)

Ethereum Request for Comments의 약어. 이더리움 커뮤니티에서 이뤄지고 있는 이더리움 개선을 위한 다양한 논의 중, 스마트 계약 등의 애플리케이션에 관한 제안을 정리한 것. ERC에서는 주로 토큰에 관한 규격이 정해져 있다.

ERC-20 (➡ 2-17)

펀저블 토큰에 관한 규격. 독자적인 암호 화폐를 발행하고자 하는 경우에 많이 이용된다.

ERC-721 (➡ 2-17)

NFT에 관한 규격으로, 이더리움에서 NFT의 대부분은 이 규격에 따라 발행되고 있다. ERC-721에서는 토큰 하나하나에 토큰 ID라고 불리는 ID를 부여할 수 있어 토큰을 식별할 수 있다.

ERC-1155 (➡ 2-17)

ERC-20과 ERC-721 두가지 특징을 모두 가진 토큰 규격. NFT를 보다 효율적으로 다룰 수 있다.

Gas (➡ 2-10)

이더리움에서 트랜잭션을 처리하는 데 필요한 에너지 소비량.

GHOST 프로토콜 (➡ 2-12)

2022년 9월 15일 이전의 이더리움에서 사용되었던 여러 마이너가 같은 타이밍에 블록을 만들어 체인 분기가 일어났을 경우에 그것을 해소하기 위한 구조.

IP (➡ 4-13)

Intellectual Property(인텔렉추얼 프로퍼티)의 앞글자에서 따온 약칭으로 「지적재산」이라고 번역되는 경우가 많다. 인간의 지적 활동에 의해 생겨난 창작물이나 아이디어 등을 가리키며, 영화나 음악, 만화, 애니메이션 캐릭터도 IP에 해당한다.

IPFS (➡ 2-18 · ➡ 3-10)

InterPlanetary File System의 약어. 미국 Protocol Labs사가 개발 중인 분산형 파일 시스템.

LAND (➡ 5-2)

Decentraland나 The Sandbox의 가상공간 내 토지 구획.

Layer2 (➡ 3-2)

세컨드 레이어. 이더리움 메인넷(Layer1)과는 다른 환경에서 거래 처리를 하고 Layer1에서는 검증만을 함으로써 가스비 삭감 및 거래 속도의 향상을 목표로 하는 구조의 총칭.

LMD-GHOST (➡ 2-14)

2022년 9월 15일 이후 PoS로 이행한 이더리움에서 사용되고 있는 여러 개의 밸리데이터가 같은 타이밍에 블록을 만들어 체인 분기가 일어났을 경우에 그것을 해소하기 위한 구조.

MEV (➡ 3-9)

Maximal Extractable Value(최대 추출 가능치)의 약어. 트레이더나 블록 생성자가 블록에 포함하는 트랜잭션의 순서를 조작하는 등의 방법으로 본래 받은 블록 보수 이상으로 얻을 수 있는 이익의 최대치.

Move to Earn (➡ 4-12)

게임에서 NFT를 이용하여 사용자가 이동하는 것으로 수입을 얻을 수 있는 구조.

NBA Top Shot (➡ 1-7)

2020년 10월에 서비스를 시작한 트레이딩 카드의 플랫폼으로, NFT 붐의 선구적 존재. 미국 프로 농구 리그인 NBA 선수별 명장면 동영상을 저장한 카드를 NFT로 컬렉션할 수 있다.

NFT (➡ 1-1 · ➡ 2-16)

Non-FungibleToken(논펀지블 토큰)의 약어로, 비대체성 토큰이라고 한다. 디지털 세계의 증명서와 같은 역할을 하며, 고유성이 높은 디지털 데이터에 유일무이한 것이라는 가치를 부여한다.

NFT 아트 (➡ 1-12 · ➡ 4-2)

블록체인의 구조를 이용하여 발행된 NFT에 연결된 아티스트의 작품. 아트에서의 NFT는 아티스트의 작품과 연결되어 작품 증명서로서의 역할을 맡는다.

NFT 에어드롭 사기 (➡ 3-12)

아티스트 등의 NFT 발행자 행세를 하며, 신규 사용자 획득을 위해 무료 혹은 저렴한 배포(에어드롭)라고 칭하여 사용자에게 페이크 NFT의 구입을 재촉하는 사기 수법.

Nothing at Stake 문제 (➡ 3-5)

PoS 알고리즘에서 체인이 하나로 정해지지 않고 블록체인이 기능하지 않는 상황이 발생하는 것은 아닌가 우려하는 문제.

OMO (➡ 4-17)

Online Merges with Offline의 약어. 온라인과 오프라인의 융합.

Play to Earn (➡ 1-7 · ➡ 4-11)

게임을 플레이하면 수입을 얻을 수 있는 구조. NFT를 활용한 새로운 비즈니스 모델로 주목받고 있다.

PoS (➡ 2-13 · ➡ 5-8)

Proof of Stake의 약어. 보유하고 있는 암호 화폐의 양이나 보유 기간의 길이에 따라 블록을 작성할 수 있는 확률이 높아지는 구조의 컨센서스 알고리즘. 이더리움은 2022년 9월 15일 PoW에서 PoS로 이행했다.

PoW (➡ 2-12 · ➡ 5-8)

Proof of Work의 약어로, 비트코인 등에서 채용된 컨센서스 알고리즘의 기술 요소 중 하나. 2022년 9월 15일 이전의 이더리움에서도 채용되었다.

Quantum (➡ 1-6)

뉴욕을 거점으로 활동하는 아티스트 케빈 맥코이가 작성한 아트 작품. 이 작품의 NFT는 2014년 5월에 발행되어 최초의 NFT로 알려져 있다.

Real Money Trading (➡ 4-10)

온라인 게임 등에서 사용자 간 아이템 등의 디지털 재화를 게임 밖에서 현금과 교환하는 행위.

RTFKT (➡ 1-11)

메타버스에서 착용할 수 있는 디지털 스니커즈 등을 취급하는 회사. 2021년 12월에 나이키에 인수되었다.

SBTs (➡ 3-13)

SBTs는 Soul bound Token(s)의 약어. Soul이라는 계정에 보유한다. Soul의 소유자에 대한 다른 사람들의 평가가 기록된 토큰으로 다른 Soul로 양도할 수 없는 특징을 가진다.

SDGs (➡ 5-7)

Sustainable Development Goals(지속 가능한 개발 목표). 2015년 9월 유엔 정상회의에서 회원국들의 만장일치로 채택된, 2030년까지 지속 가능하고 더 나은 세계를 목표로 하는 국제 목표. 17개 목표, · 169개 세부 목표로 구성되어 있으며, 지구상의 「단 한사람도 소외되지 않는다(leave no one behind)」를 모토로 하고 있다.

Soul (➡ 3-13)

SBTs를 보유하는 계정이며, 개인 등의 주체와 연결된다. Soul이 보유하는 SBTs를 확인함으로써 Soul 소유주의 내력을 온체인으로 추적할 수 있다고 알려져 있으며, NFT에 관한 사기 등의 경감이 기대된다.

SSI (➡ 3-13 · ➡ 6-5)

Self-Sovereign Identity(자기주권형 아이덴티티)의 약어. ID 관리를 기업 등 다른 주체에게 맡기는 것이 아니라 사용자 자신이 자신의 ID를 컨트롤 할 수 있게 하는 생각.

ST (➡ 5-13)

보안 토큰의 약칭으로, 블록체인 기술을 사용하여 발행되는 유가 증권이며, 디지털 증권이라고도 한다. 현재 일본의 법 규제에서는 이용자에게 이익 분배가 있는 토큰은 NFT는 아닌 ST로서 기존 유가 증권과 동등하게 취급해야 한다고 규정되어 있으며, 예를 들어 ST 발행 기업에는 금융상품거래법에 입각한 정보 개시가 의무화되어 있다.

X to Earn (➡ 4-12)

NFT를 사용한 사용자의 어떤 행동에 대한 대가로 거래소에 상장된 자체 토큰을 지불하는 비즈니스 모델.

가스비 (➡ 3-1)

이더리움에서 트랜잭션을 실행하기 위한 수수료.

게임 엔진 (➡ 6-3)

PC 게임을 개발하기 위한 공통 플랫폼이 되는 소프트웨어. Epic Games의 「Unreal Engine」이나 Unity Technologies의 「Unity」 등이 유명.

공개키 암호 방식 (➡ 2-8)

데이터의 암호화와 복호화에 「개인키」와 「공개키」라는 2개의 다른 키를 사용하는 암호 방식.

나카모토 컨센서스 (➡ 2-12)

비트코인에서 여러 마이너가 같은 타이밍에 블록을 만들어 체인의 분기가 일어났을 경우에 그것을 해소하기 위한 구조.

디지털 재화 (➡ 4-10)

온라인 게임 등에서 게임 내 판매소에서 구입하거나 게임 과제를 클리어함으로써 얻을 수 있는 게임 내 통화 및 아이템 등의 것.

디피컬티 (➡ 3-3)

마이닝의 난이도.

롤업 (➡ 3-2)

Layer1과 같은 환경의 Layer2 노드를 준비하고, 거기서 여러 개의 트랜잭션을 합친 후, Layer1에 제출하는 아이디어.

리엔트런시(재입) 공격 (➡ 3-8)

스마트 계약 코드의 버그를 이용한 공격 중의 하나. 잔액 갱신 전에 다시 인출 요청을 함으로써 공격 대상 자금이 소진될 때까지 인출할 수 있어 큰 피해를 내고 있다.

링 서명 (➡ 3-7)

자신의 공개키를 링이라고 부르는 여러 개의 공개키 그룹에 섞어서 어떤 비밀키가 서명했는지를 은닉화하는 기술.

마이닝 (➡ 2-12 · ➡ 5-7)

컨센서스 알고리즘에 PoW를 채용하고 있는 블록체인에서 이뤄지는 거래 데이터를 승인하기 위한 계산 작업. 마이닝에 사용하는 대량의 전력 · CO_2 배출이 지구 환경에 악영향을 미치는 것이 아니냐는 우려의 목소리가 있다.

멀티파티 계산 (➡ 3-7)

비밀 분산이라고도 한다. 계산 대상의 데이터를 물리적으로 격리된 서버로 단편화하여 보내고, 각 단편에 대해 계산 처리를 실시한 후에 집약 · 복원하는 기술의 총칭.

메인체인 (➡ 2-21)

(사이드 체인에 대해) 비트코인 등의 주요 블록체인.

메타버스 (➡ 4-17 · ➡ 5-1)

3차원 가상공간이나 그곳에서의 서비스이며, 사람들이 리모트로 교류 및 경제 활동을 할 수 있는 장.

믹싱 (➡ 3-7)

여러 암호 화폐의 입출금 트랜잭션을 섞어서 입출금의 관계성을 알기 어렵게 만드는 기술. 중앙집권형과 비중앙집권형 서비스가 있으며, 각각 가지고 달아날 위험 및 시간이 걸리는 등의 트레이드오프가 있다. 해외에서는 검거나 제재를 받는 서비스도 있기 때문에 사용 등에는 충분한 주의가 필요.

민트 (➡ 2-16)

블록체인상에서 토큰을 발행하는 것.

방어적 프로그래밍 (➡ 3-8)

시스템에 문제가 생기고 나서 수정을 하는 것이 아니라, 문제 발생을 예방하면서 개발하는 프로그래밍 스타일 · 사고방식. 특히 스마트 계약의 코드는 한번 네트워크에 배포(deploy)된 후에는 변경할 수 없기 때문에 방어적 프로그래밍의 생각에 따라 개발되는 것이 중요하다.

블록체인 (➡ 1-4 · ➡ 2-1 · ➡ 5-2)

임의의 데이터를 「블록」이라는 단위로 기록하고, 각 블록을 하나의 사슬(체인)처럼 연결하여 보관하는 기술.

사이드체인 (➡ 2-21)

(메인 체인에 대해) 처리 속도 향상 등을 목적으로 두는 소규모 블록체인을 말한다.

서명 (➡ 2-8)

블록체인에서 「공개키 암호 방식」과 「해시함수」의 2가지 기술을 이용하여 데이터에 대해 행해지는 전자적인 서명을 말한다. 서명을 통해 데이터의 정당성(비밀키를 사진 본인에 의해 작성된 것, 작성 후에 변조되어 있지 않은 것)이 데이터 송신자 이외의 제삼자로부터도 검증 가능하다.

솔라나 (➡ 2-19)

스위스의 Solana Foundation이라는 NPO가 활동을 지원하는 블록체인. PoH(Proof of History)라는 독자적인 구조를 채용하고, 다른 블록체인에 비해 높은 트랜잭션 처리 성능을 실현하고 있다.

순환형 경제(서큘러 이코노미) (➡ 5-10)

자원을 순환 이용하면서 새로운 가치를 계속해서 창출하는 시스템. 재활용과 달리 기존에 폐기되던 것도 원료로 다시 활용하고 순환시켜 나가는 것이 특징.

스마트 계약 (➡ 2-5 · ➡ 2-15 · ➡ 4-3)

1990년대에 계산기 과학자 닉 사보에 의해 제창된 「거래에서 계약의 자동화」를 실시하는 구조를 가리키는 개념. 블록체인에서는 트랜잭션을 트리거로 하여 실행되는 블록체인상의 프로그램을 가리킨다.

스칼라쉽 (➡ 4-11)

Play to Earn 등의 비즈니스 모델에서 NFT를 다른 사람에게 빌려주어 게임 추진을 대행하게 하고, 얻은 수익을 자신과 대행자에 분배하는 것.

스케일러빌리티(확장성) 문제 (➡ 2-3)

블록체인에서 데이터 처리량 증대로 인해 야기되는 문제를 말한다.

스케일링 (➡ 3-1)

일반적으로 시스템 및 네트워크가 이용 부하의 증대에 대응할 수 있는 능력(스케일러빌리티라고도 한다). 블록체인에서는 트랜잭션의 처리 능력을 가리키며, 트랜잭션 증가에 따라 처리 속도의 저하 및 수수료의 증가가 과제가 되고 있다.

스테이블 코인 (➡ 6-1)

특정 자산(예를 들어 달러나 원화 같은 통화)을 참조하여 가치의 안정·유지를 목적(예를 들면 1코인=1달러 등)으로 하는 디지털 어셋으로 블록체인 등을 이용하는 것.

스테이킹 (➡ 2-13)

PoS로 사전에 정해진 양의 암호 자산을 예치하는 것.

스테이킹 보수 (➡ 2-13 · ➡ 3-5)

밸리데이터에 스테이킹(자산 예치)의 의무를 부여하고, 정당한 블록을 승인한 경우에 주는 보수.

스테이트 (➡ 2-7)

이더리움 계정에 연결된 이더의 잔액 및 스마트 계약의 실행 결과가 관리되고 있는 장소.

스테이트 채널 (➡ 3-2)

이더리움에서 최초 제안된 Layer2로, 비트코인의 Lightning Network를 참고로 참가자 노드 간에 통신용 채널을 두고, 오프체인에서 거래를 행한 후에 결과를 합쳐서 블록체인에 기록하는 아이디어.

시뮬레이티드 리얼리티 (➡ 6-4)

현실과 동등한 가상공간에서 현실성을 시뮬레이트할 수 있다는 사고방식. 현재 기술로는 구현할 수 없으며 VR 및 3DCG 등의 기술이 극한까지 진화하면 실현할 수 있는 가능성이 있다.

아키텍처 (➡ 3-10)

일반적으로 건축이나 IT 시스템에서의 구성이나 구조의 의미. IT 시스템에서의 인프라스트럭처 층의 구성 및 그 그림을 가리키는 경우가 많다.

암호 화폐 (➡ 2-2)

디지털 화폐의 일종으로 가상 화폐라고도 한다. 대표적인 암호 화폐로는 비트코인이 있다.

어드레스 (➡ 2-7)

이더리움에서 어카운트(외부 소유 어카운트 컨트랙트 어카운트)를 고유하게 식별하기 위한 문자열.

영지식 증명 (➡ 3-7)

명제(「자신이 어떤 어드레스에 대응하는 개인키를 가지고 있다」 등)가 참인 것을, 참인 것 이외의 일체 지식을 상대에게 주지 않고 증명하는 기술의 총칭.

오라클 (➡ 2-20)

블록체인 외부(오프체인)의 데이터를 블록체인 내부(온체인)에 제공하는 구조(혹은 제공 주체).

오프체인 (➡ 2-20)

블록체인 외부를 말한다. 또한 블록체인 외부에서 이뤄지는 거래 처리나 데이터를 지칭하기도 한다.

온체인 (➡ 2-20)

블록체인 내부를 말한다. 블록체인 내부에서 이뤄지는 거래 처리 및 데이터를 지칭하기도 한다.

외부 소유 어카운트 (➡ 2-7)

이더리움에서 사용자가 사용하는 어카운트.

우주 클라우드 서비스 (➡ 6-4)

지구상의 모든 장소 및 이동하는 플랫폼, 우주 공간, 달표면 기지가 다이렉트로 클라우드 기반과 연결되는 서비스 구상. 우주 공간에도 클라우드 기반이 전개되어 이용자가 필요로 하는 최적의 클라우드 서비스가 제공된다.

월렛 (➡ 2-6)

트랜잭션을 작성과 송신을 시행하는 애플리케이션. 「비밀키」라는 암호키를 관리하고 있으며, 트랜잭션에 서명을 하기 위해 사용된다.

웹 2.0 (➡ 5-5)

인터넷상에서 누구나 정보를 발신할 수 있는 환경이 된 상태. 정보가 보내는 사람에서 받는 사람으로의 일방적인 흐름이었던 상태를 웹 1.0이라고 한다.

웹 2.5 (➡ 6-7)

웹 2.0과 웹 3.0의 중간적인 세계. 건전한 메타버스와 NFT의 융합을 위해서는 갑작스럽게 "코드 이즈 로"의 세계로 시프트하는 것이 아니라 기존의 규제·규범에도 준거한 중간적인 세계가 필요하다고 여겨진다.

웹 3.0 (➡ 1-5 · ➡ 5-5)

데이터 및 의사결정이 모두 중앙기관의 관리하에 있는 상황을 탈피하여 이것들을 분산하여 관리하는 인터넷 방식.

이더 (➡ 2-5)

이더리움에서 취급되는 암호 화폐.

이더리움 (➡ 2-3 · ➡ 2-5)

2013년 당시 캐나다 학생이었던 비탈릭 부테린이 발표한 구상을 바탕으로 개발된 블록체인. 스마트 계약이라는 구조에 의해 분산형 애플리케이션을 구축하기 위한 플랫폼이라는 특징이 있다.

이더리움 킬러 (➡ 2-3)

이더리움이 안고 있는 「스케일러빌리티 문제」에 대처하기 위한 구조를 갖추고, 솔라나, 폴카닷 등의 이더리움의 대항마로 등장한 블록체인.

자금 세탁 (➡ 5-14)

범죄로 얻은 수익을 그 출처나 진정한 소유자를 알 수 없게 하여 수사 기관에 의한 수익의 발견이나 검거를 피하려는 행위.

카본 오프셋 (➡ 5-9)

배출량에 상응하는 CO2 감축 활동에 투자함으로써 CO_2 배출량을 상쇄하는 사고방식.

컨센서스 알고리즘 (➡ 2-11)

블록체인에서 노드 간에 합의 형성을 시행하기 위한 메커니즘.

컨소시엄 블록체인 (➡ 2-4)

관리자가 존재하며, 관리자의 허가가 없으면 해당 네트워크에 참가할 수 없는 블록체인 중, 관리자가 여럿인 것을 가리킨다.

컨트랙트 어카운트 (➡ 2-7)

이더리움에서 스마트 계약을 배포(deploy)하면 작성되는 어카운트.

코드 이즈 로 (➡ 6-1)

「코드는 법이다」라는 미국 법학자 로렌스 레시그가 주창한 새로운 알고리즘 세계의 사고방식.

콘텐츠 (➡ 3-10 · ➡ 3-11 · ➡ 5-3)

일반적으로 인터넷 등으로 전달되는 정보의 내용이며, 문예, 사진, 영화, 음악, 영상 등의 넓은 범위를 가리킨다. NFT의 문맥에서 이용될 때는 NFT의 토큰이나 메타데이터를 나타낸다. 회화나 부동산 등의 현물 자산이나 게임 아이템 등의 디지털 콘텐츠를 가리키는 경우가 많다.

콜드월렛 (➡ 2-9)

인터넷으로부터 격리된 환경에서 개인키를 관리하는 월렛을 말한다. 페이퍼 월렛, 하드웨어 월렛 등이 있다.

크로스 체인 (➡ 2-22)

여러 블록체인 간에 동일한 정보 및 자산을 취급할 수 있도록 하는 구조.

크리에이터 이코노미 (➡ 6-1)

개인 크리에이터가 자신의 창작물을 소비자에게 직접 제공하여 수입을 얻을 수 있는 경제권을 말한다. 웹 2.0에서 SNS의 보급으로 개인이 수입을 얻는 수단이 다양해졌지만, 향후 웹 3.0의 세계로의 시프트가 진행될 것으로 기대된다.

클레이튼 (➡ 2-19)

한국의 Kakao사의 자회사 그라운드X사가 개발한 블록체인. Krafter Space라는 NFT 제작과 관리를 할 수 있는 서비스를 통해 손쉽게 NFT를 발행할 수 있는 구조가 마련되어 있다.

테조스 (➡ 2-19)

스위스의 Tezos Foundation이라는 NPO가 활동을 지원하는 블록체인. 에너지 효율이 높고 전력 소비량이 적다.

토큰 (➡ 1-2 · ➡ 2-16 · ➡ 3-10 · ➡ 3-11)

「표시」나 「상징」이라는 뜻으로 다양한 문맥에서 사용되는 말이지만, NFT에 관한 토픽에서는 블록체인상에 기록되는 데이터 단위를 가리킨다.

토큰 거버넌스 (➡ 6-5)

DAO에서 토큰 보유자에 의한 통치 구조.

토큰 이코노미 (➡ 1-1)

원화나 달러 등의 법정 통화가 아닌 토큰을 대체 통화로 상품이나 서비스를 거래하는 경제권을 말한다. NFT에 관한 토픽에서는 디지털 데이터(의 소유권을 나타내는 NFT)가 암호 화폐에 의한 결제로 거래되는 새로운 경제권을 가리킨다.

트랜잭션 (➡ 2-6)

블록체인으로 암호 화폐의 송금과 NFT 발행 및 이전 등을 위해 스마트 계약을 실행할 때 사용자의 어카운트에서 어떤 일정한 포맷에 따라 노드에 송신하는 데이터를 말한다.

트랜잭션 수수료 (➡ 2-10)

퍼블릭 블록체인으로 암호 화폐의 송금 및 NFT 발행 및 이전 등을 하기 위한 트랜잭션을 전송할 때 지불해야 하는 수수료를 말한다.

페이크 NFT 아트 (➡ 4-5)

아티스트가 제작한 아트 작품의 원본 이미지를 악의를 가진 사람이 아티스트에게 무단으로 도용해서 발행된 NFT 아트.

포크 (➡ 2-12)

블록체인에서 여러 노드가 동시에 블록을 작성한 경우에 일어날 수 있는 체인의 분기.

프라이머리 갤러리 (➡ 4-1)

아티스트와 컬렉터를 연결하는 역할을 담당하고, 소속된 아티스트의 작품이 팔릴 수 있도록 프로모션 활동을 행한다.

프라이빗 블록체인 (➡ 2-4)

관리자가 존재하며, 관리자의 허가가 없으면 해당 네트워크에 참가할 수 없는 블록체인 중, 관리자가 단독인 것을 가리킨다.

프런트러닝 (➡ 3-9)

사용자의 거래와 같은 거래를 블록 생성자(나 다른 트레이더)가 먼저 행하는 것. 사용자보다 유리한 조건으로 거래를 할 수 있기 때문에 증권 거래 등에서는 금지되어 있다.

플라즈마 (➡ 3-2)

이더리움에서 메인 블록체인(이더리움)으로부터 자식 블록체인(플라즈마 체인)을 계층적으로 작성하고, 트랜잭션 처리는 각 플라즈마 체인에서 행하며, 최종적으로 메인 블록체인에 거래 결과의 해시가 기록되는 기술.

플로 (➡ 2-19)

캐나다의 Dapper Labs사가 개발한 블록체인. 트레이딩 가드 NFT인 「NBA TOP Shot」이 발행되고 있는 것으로 유명.

핫월렛 (➡ 2-9)

인터넷에 접속할 수 있는 환경에서 비밀키를 관리하고 있는 월렛. 웹 월렛, 데스크톱 월렛 등이 있다.

확률적 비잔틴 합의 (➡ 2-11)

비트코인 및 이더리움에서 채용되고 있는 「시간의 경과에 따라 그 시점의 합의가 뒤집힐 확률이 0으로 수렴된다」라는 한정적인 비잔틴 장군 문제의 해결을 말한다.

어렸을 때 좋아하는 아이돌의 포토 카드나 연예인, 스포츠 스타의 트레이딩 카드를 수집했던 경험이 있으신가요? 저 역시 그런 추억을 가지고 있습니다. 반짝이는 카드 한 장 한 장에 담긴 이야기와 가치는 단순한 종이 조각 이상의 의미를 가졌습니다. 디지털 시대에 접어들면서, 이러한 소중한 수집의 경험은 새로운 형태로 진화하고 있습니다. 바로 NFT(Non-Fungible Token)를 통해서입니다.

NFT는 단순한 디지털 자산 이상의 의미를 지니며, 다양한 산업과 우리의 삶에 큰 변화를 가져올 잠재력을 가지고 있습니다.

이 책은 NFT와 블록체인의 기초부터 고급 개념까지, 그리고 실질적인 적용 사례와 향후 전망에 이르기까지 폭넓게 다룹니다.

제1장에서는 NFT의 전체 내용을 이해하기 위한 기초 개념과 배경을 다룹니다.

제2장과 제3장에서는 블록체인 기술을 기반으로 NFT를 뒷받침하는 기술을 다루며, 현재 우리가 직면하고 있는 과제와 대처 방안을 제시합니다.

제4장과 제5장에서는 NFT가 각 업계에서 어떻게 활용되고 있는지 다양한 유스케이스를 소개합니다.

끝으로 제6장에서는 기술의 발전과 함께 NFT가 앞으로 어떤 방향으로 나아갈지, 그리고 우리가 준비해야 할 점들은 무엇인지에 대해 논의합니다.

이 책을 통해 NFT의 세계에 대한 이해를 넓히고, 그 가능성을 탐구하며 여러분만의 인사이트를 얻을 수 있기를 바랍니다.

김은철, 유세라

다이와소켄

조직의 전략을 IT로 실현하는 「시스템」, 사회·경제 전체의 방향성을 분석·제언하는 「리서치」, 조직의 성장·사업 전략을 제안하는 「컨설팅」 세 분야의 스페셜리스트가 연계하여, 서로의 지식을 결집했다. 다이와 증권 그룹, 금융 업계, 사업 회사, 행정 기관 등에서 오랜 시간에 걸친 서비스로 쌓아온 노하우·기술력에 고도의 데이터 분석·AI·DX 솔루션을 융합하여 고객에게 최적이면서 혁신적인 솔루션을 제공하고 있다.

다이와소켄 프런티어 연구 개발 센터

첨단 IT 기술의 활용·비즈니스 추진을 담당하는 연구 개발 부문. 데이터 과학 기술의 비즈니스 활용이 주목받기 시작한 2015년부터 첨단 IT 분야의 조사·기술 검증을 시작했다. 이후 비즈니스 니즈에 신속히 대응하는 것을 주안점으로 두고 AI나 블록체인 등을 활용한 솔루션의 연구 개발에 힘쓰고 있다. 2021년, 앞으로의 연구 개발 활동을 한층 더 가속시키기 위해 설립한 부서 횡단적인 기술 개발 조직 「종합연구소 랩」에서는 대응 난이도와 희소성이 모두 높은 테마를 중장기적으로 추진함으로써 미래의 핵심 역량이 될 솔루션 개발을 진행하고 있다.

키노시타 카즈히코

감수 / 프런티어 연구 개발 센터 차장

FinTech·첨단 IT 및 데이터 관련 법규제의 조사를 담당. 영국 주재 시 증권 시스템 개발과 미얀마에서 데이터 센터 구축에 참여하는 등 해외 업무를 거쳐, 2015년부터 현직. 저서에 『엔지니어가 배우는 금융 시스템의 「지식」과 「기술」』(공저, 쇼에이샤) 등이 있다.

우치노 하야나리

감수 협력 / 제7장 담당 / 금융조사부 부장

금융 서비스 담당 애널리스트·컨설턴트, 재무성 파견 등을 거쳐 현직. 금융 비즈니스, 금융·자본 시장, 금융 DX 등 금융 관련의 집필 다수, 금융 기관 경영층을 대상으로 강연회, 강의를 다수 실시. 저서로『FinTech와 금융의 미래』(공저, 니케이 BP사),『지방 은행의 차세대 비즈니스 모델』(공저, 니케이 BP사),『JAL 재생』(공저, 일본경제신문 출판사) 등이 있다.

다나카 마코토

제1장 담당 / 프론티어 연구 개발 센터 과장 대리

일본 증권 애널리스트 협회 인정 애널리스트. 일본 경제의 조사를 거쳐, 2017년부터 현직에 종사. 데이터 활용, NFT, 메타버스 등 최신 트렌드를 조사하고 비즈니스화를 지원. 저서로『엔지니어가 배우는 금융 시스템의「지식」과「기술」』(공저, 쇼에이샤) 등이 있다.

쿠와기 다이스케

제2장 담당 / 프론티어 연구 개발 센터 과장 대

해외 증권 회사용 시스템의 애플리케이션·인프라 개발·유지 업무에 종사하면서 2017부터 블록체인을 중심으로 한 첨단 기술의 연구 개발을 담당. 2021년부터 다이와 증권 그룹에서 보안 토큰 비즈니스 확대를 위한 검토에 종사.

사카모토 신지

제2장, 제3장 담당 / 프론티어 연구 개발 센터 과장 대

금융 시스템 개발 회사에서 블록체인 시스템 개발 등을 거쳐, 2018년부터 현직. 지방 금융 기관·다이와 증권 그룹용 AI 시스템 개발에 참여하여 2021년부터 다이와 증권 그룹의 보안 토큰 비즈니스 검토에 종사.

키요타 마사히로

제4장 담당 / 금융 IT 컨설팅부 차장

다이와 증권용 시스템 개발을 거쳐, 2018년부터 사내 벤처 제도를 이용하여 블록체인을 활용한 새로운 서비스를 기획·개발. 2021년부터 현재까지 다이와 증권 그룹의 보안 토큰 비즈니스 확장에 매진하고 있다.

이시이 히로히토

제4장, 제5장 담당 / 금융 IT 컨설팅부 주임

금융 시스템과 첨단 IT를 담당. 해외 업무에 25년 이상 종사했으며, 영국에서는 IT 부문장으로서 유럽·중동 지역을 총괄. 미얀마에서는 현지 법인 사장으로서 데이터센터 운영을 담당하고, 현지 금융 기관용 시스템 개발 및 운영 서비스를 제공. 금융 시스템 및 IT 기술의 최신 동향을 조사, 사외용 IT·DX 연수 강사도 담당.

카와타 유지

제5장 담당 / 경영 기획부 차장

사단법인 일본 증권 애널리스트협회 검정 회원. 시스템 컨설팅 업무 등을 거쳐, 2016년부터 주식 평가, 사업 재편·그룹 재편 등의 M&A 관련 업무와 데이터 과학·IT 지식을 경영에 활용하는 지원 업무 등의 경영 컨설팅 업무에 종사.

Fintertech (핀터텍)

사이토 히카루

제4장 담당 / 디지털 에셋 그룹

전문 상상용 기간 시스템 개발을 거쳐, 2018년부터 연구 개발 부문에서 블록체인 기술을 중심으로 한 첨단 IT 기술의 선행 조사 및 비즈니스 기획 추진에 종사. 2020년에 NFT 관련 비즈니스 특허를 출원하고, 이듬해 11월에 특허 취득(특허 제6967116호). 2022년 10월부터 다이와 종합연구소에서 Fintertech 주식회사로 전적.

그림으로 배우는
NFT & 블록체인

1판 1쇄 발행 2024년 8월 5일

저　　자　다이와종합연구소 프런티어연구개발센터
역　　자　김은철, 유세라
발 행 인　김길수
발 행 처　(주)영진닷컴
주　　소　서울특별시 금천구 가산디지털1로 128 STX-V 타워 4층
　　　　　401호 영진닷컴 기획1팀
등　　록　2007. 4. 27. 제16-4189호

ISBN 978-89-314-7721-4

http://www.youngjin.com

'그림으로 배우는' 시리즈

"그림으로 배우는" 시리즈는 다양한 그림과 자세한 설명으로
쉽게 배울 수 있는 IT 입문서 시리즈 입니다.

그림으로 배우는
C++ 프로그래밍
2nd Edition

Mana Takahashi 저
592쪽 | 18,000원

그림으로 배우는
프로그래밍 구조

마스이 토시카츠 저
240쪽 | 16,000원

그림으로 배우는
서버 구조

니시무라 야스히로 저
240쪽 | 16,000원

그림으로 배우는
C#

다카하시 마나 저
496쪽 | 18,000원

그림으로 배우는
데이터베이스

사카가미 코오다이 저
236쪽 | 16,000원

그림으로 배우는
웹 구조

니시무라 야스히로 저
240쪽 | 16,000원

그림으로 배우는
클라우드 2nd Edition

하야시 마사유키 저
192쪽 | 16,000원

그림으로 배우는
네트워크 원리

Gene 저
224쪽 | 16,000원

그림으로 배우는
보안 구조

마스이 토시카츠 저
208쪽 | 16,000원

그림으로 배우는
SQL 입문

사카시타 유리 저
352쪽 | 18,000원

그림으로 배우는
파이썬

다카하시 마나 저
480쪽 | 18,000원

그림으로 배우는
C 프로그래밍
2nd Edition

다카하시 마나 저
504쪽 | 18,000원